Paul Stefan
Die Wiener Oper

SEVERUS Verlag

ISBN: 978-3-95801-418-3
Druck: SEVERUS Verlag, 2016

Der SEVERUS Verlag ist ein Imprint der Diplomica Verlag GmbH.
Bibliografische Information der Deutschen Nationalbibliothek:
Die Deutsche Nationalbibliothek verzeichnet diese Publikation in der Deutschen National-
bibliografie; detaillierte bibliografische Daten sind im Internet über http://dnb.d-nb.de
abrufbar.

© SEVERUS Verlag, 2016
http://www.severus-verlag.de
Printed in Germany
Alle Rechte vorbehalten.
Der SEVERUS Verlag übernimmt keine juristische Verantwortung oder irgendeine Haftung
für evtl. fehlerhafte Angaben und deren Folgen.

Paul Stefan

Die Wiener Oper
Ihre Geschichte von den Anfängen bis in die neueste Zeit

Paul Stefan
Die Wiener Oper

Bilder: Thomas - Wozak

Dem Andenken meines Vaters, mit dem ich die ersten Opernfreuden teilte

Programmatisch

Für wen und wem zuliebe Theatergeschichte — und nun gar eine Geschichte der Wiener Oper, unserer Wiener Oper? Weiß der Verfasser nicht, daß er einer Welt des schönen Scheins im Nachhinein Wirklichkeit verleihen will? Denn das Wiener Opernspiel war zu allen Zeiten ein Rausch, eine Folge von Festen, eine Flucht vor dem Alltag, Aufstieg in die Wolken, wie er nur an begnadeten Orten geschehen konnte. Nun aber soll registriert, nachgeprüft, verglichen werden — und die Welt nüchterner Gelehrsamkeit ist etwas anderes, anderes die Welt des trunkenen Enthusiasmus. Nur ein Enthusiast sollte doch Operngeschichte erzählen dürfen! Getrost, er ist da. Aber weiß er nicht, dieser Enthusiast, daß die Historiker noch „bei den Vorarbeiten halten", daß es keine gelehrte Geschichte der Musikstadt Wien und erst seit dem letzten Jahrzehnt ein paar gelehrte Surrogate gibt? Vielleicht kümmert solche Geschichte gar niemand, vielleicht ist das ein Unterfangen eben nur für Leute vom Bau und der Leser ließe besser seine Hand von dem Buch? Hat der Verfasser das alles bedacht?

Er weiß, er weiß. Hofft aber trotzdem, auch Gelehrten und Kennern seine Wiener Operngeschichte in dieser kurzen Fassung anbieten zu können — und es ist ihm hoffentlich niemand böse, wenn es derart geschieht, daß jedermann das Buch lesen kann. Das ist nämlich der Sinn: meine Geschichte der Wiener Oper möchte jedem verständlich sein. Die vielberedete Tradition soll kein leeres oder gar würdevoll-dummes Wort bleiben. Es soll jeder wissen, woher der Geist weht, der ihn in unserem schönen Opernhaus umfängt. Er soll davon, als ein Stück Publikum, ehrfürchtig-bescheiden und damit erst kunstbereit werden. Er soll es sich abgewöhnen, jenes lächerliche „Ja, damals!" nachzuschwätzen. Wir wissen zumeist gar nicht, wie es „damals" im Vergleich zu heute war. Alles, was wir wissen, ist, daß es in Wien seit Jahrhunderten Schönes und Großes gegeben hat, und daß es auch jetzt, in bösen Zeiten, oft noch Schönes und

Großes gibt. Dieses Wissen soll uns begeistern und nicht zu Nörglern machen. Da und dort ist man früher glücklicher gewesen. Aber wir leben in keiner kleinen Epoche unserer Oper; das wird am Schluß noch besonders deutlich gesagt werden. Wenn aber, nach Goethe, das Beste an der Geschichte der Enthusiasmus ist, den sie erweckt, so ist Geschichte schon um des Enthusiasmus willen gerechtfertigt — und nötig.

Darum soll diese Geschichte der Wiener Oper noch einmal festgehalten werden. Das Buch, in das der Leser nunmehr eintreten möge, war 1919, als das neue Opernhaus fünfzig Jahre stand, eine Festschrift, drei Jahre später, in veränderter und vermehrter Fassung, Teil ein Miniatur-Bücherei („Die Wiedergabe"), die „Wiener Gegenwart und ihren Besitz" in den Nöten des drohenden Staatsuntergangs festhalten wollte. Jetzt wird dieses Buch völlig neu geschrieben. Die Forschungen des letzten Jahrzehnts waren zu berücksichtigen, die vielen neuen Biographien der großen Komponisten von Gluck an, die Memoiren aus der Zeit seit Mahler, zuletzt die Probleme des letzten Jahrfünfts, mit denen sich der Verfasser herzhaft herumgeschlagen hat. Dazu kommt das neueste und wohl schwierigste Kapitel, die Wiener Operngeschichte seit 1922.

Der Leser wird anderswo im einzelnen vielleicht mehr Namen und mehr Daten finden. Dieser Darstellung kommt es vor allem auf den Zusammenhang an.

Um Leser ist mir nicht bang. Aber ich suche mehr als das: Freunde, nicht einmal so sehr für das Buch wie für die Wiener Oper.

September 1932.

Vorläufer

Der Strom ist reißend, wild, noch heute vereinsamt, gar nicht recht lieblich, selten „blau". West und Ost verbindend, war die Donau eine alte, fast mythische Grenze; aber es blieb selten dabei. Herüber, hinüber fluteten Kelten, römische Provinzialen, Germanen, Slawen. Lange begann hier Asien, endete die gesittete Welt. Und an der Stätte Wiens erstand ein Volk von Angepaßten, Wandelbaren, Volk von Spielern, die um ihr Spiel wußten. Hier vielleicht, auf dem Grund von Kulturen und Schicksalen, wurzelt der Sinn für das Welttheater und die Begabung dazu. Schon den Kelten sagte man „Versteller"-Begabung im gemeinen Leben nach; die germanischen Bayern waren und sind erst recht Theaterspieler, die Nordslawen nicht minder und Musikanten obendrein. Dazu kamen dann noch die Ahnungen des Südens in einer Landschaft, die an sich Musik ist und die starken romanischen Zuströme, wie sie das Schicksal der Wiener Geschichte brachte. Etwas Offenes, Helles ergab sich, eine Freude an Spiel und Fest, aber auch die Neigung zum „Frozzeln": was „verstiegen" schien, ging hier niemand so recht ein, mußte parodiert und damit oft sehr witzig, wenn nicht gar philosophisch entlarvt werden — das reicht bis zu Nestroy, ja Bittner und spielt in der Geschichte der Wiener Oper eine besondere Rolle. Es ist hier gleich von der „lustigen Person" des Wiener Theaters zu sprechen, die schon und noch in den Mysterien-Spielen vorkommen mußte; nur in Wien war übrigens ein Prediger wie Abraham a Santa Clara möglich. Er war kein Wiener, so wenig wie der Hanswurst selbst. „Incipit stultus" — sagen die alten Texte und dann begann dieser Hans Wurst oder sein Vorgänger mit seinen improvisierten „Lazzi" (es ist ein italienisches Wort!). Auf dem Vehikel der Commedia dell' arte ist der Lustigmacher aus der Provinz gekommen — denn Wien zieht von überallher Menschen, Wissende, Künstler an, braucht sie, mißbraucht sie, aber gibt sie nicht los; dabei ist es geblieben. Hier nun fährt das bedrückte Lebensverlangen eines Volkes, das „keinen Richter" und keine Tragödie brauchen kann, in die steifen Zirkel jeglicher Würde, und erst recht in der Oper. Mysterien, Schuldramen, Staatsaktionen, Opern, sie vergessen den Menschen, der aus Gemeinem nun einmal gemacht ist. Hans Wurst gibt ihm sein Recht. In den unglaublichsten Trauerstücken spielt er, gemütlicher als Shakespeares Narren, aber nicht minder unermüdlich und bei fanatischer Deutlichkeit in allen Naturalien mit. Auf den emeritierten Landstreicher und nun tüchtig erwerbenden Kunstbürger, Zahnarzt und Theaterdirektor Stranitzky, der aus Steiermark kommt und aus Böhmen stammt, folgt Prehauser, ein Wiener aus dem Dreilauferhaus; der Freiherr von Kurz („Bernardon") tritt auf, ein seigneuraler Stegreifkomödiant, es bildet sich ein Ensemble mit wienerischen Typen, und ein Haydn tut mit. Zensur greift nach den kecken Leuten, aber sie werden mit allem fertig, was gegen sie aufgeboten wird, mit deutscher, französischer, spanischer und heimischer „Regelmäßigkeit", selbst mit der gottschedisierenden Tugend und der Macht des aufgeklärten Sonnenfels. Hans Wurst wird von der Bühne verjagt — der Typ ist nicht totzukriegen. In unzähligen Verkleidungen tritt er bis auf den heutigen Tag auf. Alle großen Wiener Schauspieler hatten etwas von seinem Wesen, so Girardi, aber selbst Kainz; er lebt bei Raimund, bei Hofmannsthal, Mell und das Wiener Singspiel, die klassische Oper ist ohne ihn nicht zu denken: Osmin, Figaro, Leporello, Papageno...

Von der Musikstadt Wien: in der Völkerwanderungszeit, Ende des fünften Jahrhunderts, wird schon (das Folgende nach Lach) ein Chorleiter Moderatus erwähnt. Am Babenberger Hof sind mit Walter und Neidhart von Reuenthal zwei Meister des Minnegesangs genannt, von denen einer die ernste, hohe Kunst, der zweite die derbe, volkstümliche, auch Lieder des gemeinen Volks nicht verschmähende Art repräsentiert. Ende des 13. Jahrhunderts gibt es eine Zunft der Musikanten, die als Spielgrafen-Bruderschaft bis zum Ende des 18. Jahrhunderts besteht. So wie die Meistersinger-Zeit zu Ende geht, begründet (1499). Kaiser Ma-

ximilian, der letzte Ritter, die Hofkapelle; die Kontinuität ist gegeben. Die Hofkapelle hatte anfangs 37, in der Zeit ihres höchsten Glanzes unter Karl VI. 134 Mitglieder, die Kaiser komponierten selbst und durchaus nicht als Dilettanten, Namen wie Isaac, Senfl, Jacobus Gallus, Hassler, Philippus de Monte strahlen durch die ersten Jahrhunderte. Mit Palestrina wird, allerdings vergeblich, unterhandelt. Das Orchester für das Opernspiel ist da. Die Oper läßt nicht mehr lange auf sich warten.
Allerhand dramatische Bemühungen haben ihr in Wien ganz gewiß den Boden geebnet. Die humanistischen Poeten der Wiener Universität (Konrad Celtis!), dichten und agieren unter Maximilian ihre Tragödien mit Chören. Wolfgang Schmaelzl, der Schulmeister des Benediktiner-Schottenklosters, ersinnt deutsche Einlagen zur lateinischen Poeterei. Den Jesuiten wird ihre sorgfältig gepflegte und in barocke Maße gesteigerte Tragödie wirksamstes Instrument der Gegenreformation. Welche Empfänglichkeit setzt ihr Spiel voraus, welch ein Publikum bildet es; wo ist bald noch die Grenze zwischen heiligem und profanem Stoff! Die gezimmerte Bühne im Freien, die sich bei schlechtem Wetter in die Kirche fügt, wird alsbald zum dauernden Bau nach der Anleitung der Vicentiner Pläne Palladios; es ist ein Theater, das den Ansprüchen höfischen Prunks wie den Wünschen und der Phantasie einer zirzensischen Menge genügen muß. Himmel und Hölle, Schlachten und Aufzüge, Maschinen und Prospekte, es ist alles da. Nicht minder die bald sanfte, bald lärmende Musik. Auch der Lustigmacher fehlt natürlich nicht. Erhabenes und seine Parodie sind in Wien immer dicht beieinander.

Versunkener Glanz der ersten Oper

So nahe die Schul- und namentlich die Jesuitendramen der Oper schon standen — in Salzburg geht 1618 das Jesuitenstück in die Oper über — und so sehr sich dann später eben das Jesuitenspiel nun wieder von der Oper befruchten ließ: was wir Oper nennen, kommt doch aus Italien, ist Frucht der Renaissance, ihrer höfischen, zunächst nur höfischen Kultur, ihres „gusto indicibile" und vor allem der wirren Sehnsucht nach der griechischen Tragödie. Man war in dem Florentiner Kreis des Grafen Bardi der Ansicht, die klassischen Tragödien seien, wie die Chorstellen dartun sollten, auch gleich gesungen worden und das wollte man wieder haben: also Drama mit Musik, Musikdrama, nicht Oper im Musikanten-Sinn oder gar Sänger-Oper. Jahrhunderte geht seither der Kampf um den Primat zwischen Drama und Musik, er ist nicht entschieden, aber erst als in der „venezianischen" Oper der Musiker, der Sänger sein Recht eroberte, setzte sich die Oper in Wien durch. Es ist gar kein Zweifel, daß diese Stadt bis auf den heutigen Tag für den Sänger und seine Melodie und nicht für den Dichter und seine „Reformen" ist.

Ferdinand der Dritte, Gemahl der mantuanischen Eleonore, bringt 1626 die Oper und ihre Sprache an seinen Hof, Leopold und die Seinen sprechen und dichten italienisch, es gibt italienische Hofpoeten und ein eigenes Kapitel der italienischen Literaturgeschichte behandelt Wien. Bauten werden ersonnen, weil die Häuser, die für das spanische Ballspiel bestimmt sind, für die Komödie nun nicht mehr genügen. Häufig genug ist Wiener Musik zu den Ball- und Reitplätzen geflüchtet, wo sie oft besser klang als in Konzertgebäuden.

Was da nach Wien kam, war jene schon erblühte Oper, die in Venedig Volksgut geworden war — zur Oper gehört seither die Leidenschaft einer Menge. Nun denn, in Venedig spielten manchmal acht Theater gleichzeitig, auch abends bei künstlichem Licht, was ein Weltwunder schien. Der höfische Aufwand für das Spiel wurde auch in Wien außerordentlich: zehn- bis zwanzigtausend Gulden kostet oft eine einzige Aufführung, die Sänger werden fürstlich belohnt, man will gegen andere und namentlich französische Hoffeste ein Jahrhundert lang an Glanz nicht zurückbleiben. Aber es sind dazumal für schlimmere Dinge Unsummen ausgegeben worden — und die Oper von damals rettete das deutsche Theater und gab der deutschen Musik jene italienische Geschmeidigkeit, die nötig war, das klassische Zeitalter vorzubereiten — dessen Stätte gerade Wien werden sollte. Der internationale Wettstreit schuf, während sonst die Waffen lärmten, ein einiges Kunst-Europa. Wien nahm nicht nur den Geist Italiens und Spaniens auf, sondern gewann auch Zusammenhang mit der klassischen französischen Tragödie, dem bedeutsamen französischen Ballett. Die Bemühungen, an einer deutschen Oper mitzuwirken, wie sie so manche deutsche Höfe und Städte anstrebten, — Höhepunkt sollte Keisers Tun und Schaffen in Hamburg werden, im Beginn stand ein Heinrich Schütz — sie hatten in Wien kein Ergebnis; es kam nur zu deutschen Einlagen in italienischen Opern: Kaiser Leopold selbst hat etliche komponiert. Um die Mitte des 17. Jahrhunderts ist die deutsche Oper für Wien abgetan, nicht ganz ein Jahrhundert später ist es mit ihr überhaupt zu Ende. Italienischer Geschmack beherrscht einen wenngleich innerlich protestierenden Mozart. Der Wiener Hof stand von Anfang an und sogleich in Verbindung mit dem Urmeister der italienischen Oper, mit Monteverdi; sein Ritorno d'Ulisse (Heimkehr des Odysseus — einer der „ewigen" Stoffe), wird für Wien 1641 neu bearbeitet, ein Werk von Cavalli aufgeführt; aber der Komponist geht nach Paris und man gewinnt Cesti. Amalteo, Sbarra, Minato (ein Scribe des 17. Jahrhunderts), sind Hofpoeten, Draghi, Dichter und Komponist, Bertali, Sances, der ältere Ziani schreiben ihre Partituren für Wien. Schon 1640 spielt man in einem Tanzsaal auf dem heutigen Josefsplatz, 1653 fährt ein Schiff auf der Donau zum Regensburger Reichstag und bringt ein zerlegbares Bühnenhaus für die Aufführung einer Oper von Bertali hin und wieder zurück: Burnacini ist als Theatralarchitekt gewonnen und leitet nunmehr die Ausstattungen. 1666 wird zur Vermählung des Kaisers Leopold die Festoper vom goldenen Apfel, der „Pomo d'oro", Text von Sbarra, Musik von Cesti in der Inszenierung von Burnacini gespielt: drei Göttinen streiten um den goldenen Apfel der Schönsten, aber Jupiter spricht ihn der jungen Kaiserin zu. Die Huldigung am Schluß des Werks, diese Licenza wird übrigens typisch für die Wiener Oper, so wie ihr reiches Orchester, besonders in den Bläserpartien und ihre ausgiebige Verwendung des Chors namentlich an den Aktschlüssen. Die Aufführung, in einem von Burnacini erbauten Dreirängetheater (an der Stelle der Hofbibliothek) ist mit ihren szenischen Wundern mehr noch eine Sensation als ein Ereignis. Fünftausend Zuschauer sollen Platz gefunden haben; neuere behaupten freilich, kaum ein Drittel. Ein ganzes Jahr wird das Spiel, dreimal die Woche, von ersten Künstlern wiederholt.

Derselben Feier gilt das „Roßballett", nach einem Streit der Elemente von Kavalieren zu Pferde geführt (der Kaiser selbst war darunter); bekannt übrigens, wie auch das Spiel vom goldenen Apfel, aus den selber fast mythischen Bildern. Die Musik ist von Johann Heinrich Schmelzer — Nichtitaliener werden eben auf das Ballett verwiesen. Jedes Hoffest findet sein Opern- und Prunkgeleit. Man spielt in Laxenburg, in der alten (Augarten) und neuen Favorita (Theresianum), im Park von Schönbrunn, in der Bildergalerie der Stallburg, in den Gemächern der Kaiserin. Nicht Pest, nicht Türkenbelagerung dämpft die Leidenschaft; nur muß das hölzerne Opernhaus Burnacinis in der Kriegs- und Feuersgefahr von 1683 niedergelegt werden. Man stellt es wieder her, baut ein paar Jahre später ein neues; es brennt alsbald ab. Der nächste Kaiser, Josef I., läßt durch seinen Theatralarchitekten Galli-Bibbiena ein großes Bühnenhaus errichten (an der Stelle der Redoutensäle), dessen Aufwand als Sehenswürdigkeit gepriesen wird. Es hat zwei Theaterräume: für die Festoper und für das Schauspiel. 1708 wird es eröffnet. Zugleich begründet, nächst dem Kärntner Tor, die Stadt ihr richtiges Theater. Dieses „Stadtkomödihaus" wird erbaut, um die Nöte, Gefahren und Mängel der verschiedenen Ballhäuser endlich zu vermeiden. Der geräumige, dunkle, nicht eben schöne Bau, von dem Bolognesen Peduzzi errichtet, wird schon nach zwei Jahren italienischer Komödie dem Stranitzky übergeben: ein deutsches (und ein Hans Wurst-)Theater ist da, Gegengewicht gegen immerhin exotische Prachtentfaltung.

Um diese Zeit fallen Entscheidungen für die Oper, nicht nur in Wien. Die letzten drei Jahrzehnte des 17. Jahrhunderts sind ausgefüllt von der beharrenden, rückwärts gewandten Alleinherrschaft der Draghi und Minato. Nun kommen zwei Musiker von Bedeutung. J. J. Fux, schreibt einen ernsten, strengen, auch theoretisch fest gegründeten, aber dabei vorwärtsweisenden Stil. Er erfüllt die Zeit Josefs I. und zum guten Teil Karls VI., die ersten drei Jahrzehnte des Settecento. So sagen wir, denn es ist noch immer eine italienische Zeit und der Steirer Fux komponiert italienische Opern, so auch die Prunkoper zur Krönung Karls in Prag 1723: Costanza e Fortezza, Dichtung von Pariati; sie ist halbwegs zwischen dem Pomo d'oro und Gluck zu suchen. Spiel und Prunk sind kostbarer und formenfroher, noch mehr südlich geworden. Es ist die freudigste Bauzeit des Barock. Paläste, Schlösser, Klöster, Kirchen geben der Stadt das Gepräge. Die Kaisermacht eines Josef und Karl leuchtet heller als je, Macht und Pracht übersteigert sich. Die Absicht freilich geht zu der Einfachheit der alten Tragödie...
Neben Fux tritt, im letzten Jahrzehnt Karls VI., der Venezianer Caldara, gleichfalls ein Meister von hohem Ernst, nicht nur Opernkomponist, der in Wien übrigens auch an einen „König Wenzel" gerät. Caldara bezeichnet die ausgehende Epoche des Hochbarock — Fux hat aufgehört für das Theater zu schreiben, Conti, der neben ihm wirkt, geht ab, ist übrigens schon auf den Weg zur heiteren Oper gekommen.

Es hat sich nämlich eine recht heftige Abkehr von dem

steifen Ernst der Renaissance-Oper ergeben, in England um die Jahrhundertwende durch Literatursatiren und durch den explosiven Erfolg der „Bettleroper" (Dreigroschenoper!) bezeichnet. In Venedig wird Goldoni ein Vorkämpfer volkstümlicher Burlesken; parallel mit ihm geht die Oper, die jetzt einen neuen Mittelpunkt in Neapel erhält. Früh kommt es zu einem Meisterwerk der „Buffa", der „Serva padrona" von Pergolesi. Der Funke schlägt nach der Stadt der Parodien hinüber, nach Wien. Ein romantisch-phantastisches Element aus dem Süden zeitigt die volkstümliche Zauberoper mit dem Kasperl-Hanswurst mittendrin, es ist der gerade Weg zur „Zauberflöte" und zu ihren zahllosen Verästelungen auf dem Vorstadttheater des 19. Jahrhunderts. Demgegenüber rafft sich, gerade in Neapel, die „ernste" („Seria"), also die Renaissance-Oper wieder auf. Die europäische Opern-Einheit ist um diese Zeit vollkommen. Hasse, in Italien vergöttert, und Händel bekennen sich zu einer würdigen Erneuerung des tragischen Stils. Die neapolitanische Oper, von Alessandro Scarlatti ausgehend, entsendet Meister wie Jomelli und Traetta nach Norden, die wieder ihrerseits gerade in Wien viel lernen — dort, aber auch schon in ihrer Heimat, gelangen sie in die Sphäre eines Rameau und der französischen Oper. In Wien ist eine Reinigung von den Dichtern versucht worden, abermals ein Herausarbeiten des Dramas, eine Beschränkung der Musik. Begonnen hatten, unter dem Einfluß des französischen Klassizismus, die Hofpoeten Bernardoni und Stampiglia. Apostolo Zeno, nicht nur Hofpoet, sondern auch Historiograph, gibt den Ausschlag. Freund des Kaisers Karl und des Prinzen Eugen, läßt er sich den Corneille des lyrischen Theaters nennen. Er will edle Gefühle erwecken, zu Tränen rühren; erst recht seine Nachfolger. Mit Zeno wirkt Pariati, aber der berühmteste dieser Nachfolger, noch von Heinse, ja von Voltaire gepriesen, ist Metastasio, seit 1730 und von da ab durch ein halbes Jahrhundert in Wien, Librettist eigentlich wider Willen, in seinen Träumen Tragödiendichter. Wenn in Italien die gesammelten Texte des Apostolo Zeno, allein 47 Opern,

Franz Schneiderhan

in zwölf Bänden noch an der Wende zum 19. Jahrhundert erschienen, so wurde Metastasio in Literaturgeschichten ernsthaft neben Homer und Sophokles gestellt. Seine zahlreichen Operntexte waren so berühmt, daß sie als dramatische Muster galten: jeder Komponist, der auf sich hielt, mußte sie vertonen. Er übernahm damit eigentlich eine undankbare Aufgabe. Denn Metastasio hatte ein starres Schema ausgebildet: die „Handlung" verlief in Rezitativen, die Musik war auf die vielen, streng gegeneinander abgewogenen Arien beschränkt, Ensembles kamen kaum vor, nur spärliche Chöre, besonders am Schluß. Es waren eben nicht Texte, sondern Dichtungen; sie sollten auch als solche gelesen werden und Metastasio, der Dichter, ein bescheidener Mann, der neben der Michaelerkirche wohnte, war Jahrzehnte lang der Stolz des Hofes. Erst Gluck ist über ihn hinausgegangen, hat aber auch noch mit ihm zusammen gearbeitet. Es entsprach dem grandiosen höfischen Opernspiel in Wien, daß es die besten Sänger und Sängerinnen zur Verfügung haben wollte. Primadonnen und die für die Barockoper unerläßlichen Kastraten überboten einander an Forderungen und Ansprüchen, denen niemand entgegenzutreten wagte.

Wirklichkeit einer Klassiker-Epoche
Von Gluck bis zu Beethovens Tod

Österreichs prachtliebende Zeit ist, wie das Hochbarock, mit Karl VI. zu Ende. Es folgt Maria Theresia, eine große Frau, Herrscherin von weitem Blick, aber auch Aristokratin, die gern spart und doch Spiel und Oper liebt. Fux ist ihr Musiklehrer gewesen, Metastasio ihr Hofoperndichter, dessen Gewinn sie für einen der größten Glücksfälle ihres Lebens hält; sie tritt in der Kavaliersoper selber auf und will einmal die Titelpartie der „Ipermnestra" von Hasse geben. Doch nun muß sie die Hofoper aufhören lassen. Das große Opernhaus Josef I. und des Galli-Bibbiena, 1708 eröffnet, ist seit 1748 nur noch Redoutensaal und wird bald auch als solcher geschlossen.

Doch greift ein Aufsichtsrecht des Hofes, eine k. k. Oberdirektion, von Kavalieren ausgeübt, alsbald nach dem Haus am Kärntner-Tor. 1728 war es von Stranitzkys Witwe dem Sänger Borosini und dem Tänzer Seilliers übergeben worden; Karl VI. genehmigte den Vertrag, der der Hofkasse ein Drittel der Einnahmen sicherte und die beiden nannten sich k. k. Hofbefreyte Direktoren. Sie wollten die Oper einführen, aber der Kaiser erlaubte nur musikalische Zwischenspiele zur gesprochenen Komödie. So kam die Oper ans Kärntnertor-Theater, das spätere eigentliche Operntheater, auf Umwegen — die deutschen und auch italienischen Komödien hielten sich dort noch. Man bearbeitete alle möglichen Stoffe und Lustspiele. Zu einem Krummen Teufel, nach Le Sage, schrieb Josef Haydn die Musik. Erst 1810 wird dann das Theater am Kärntnertor für Oper und Ballett, das Burgtheater für das Schauspiel bestimmt.

Seilliers ist übrigens auch „Entrepreneur aller Hoffeste". Soweit er außerhalb des Kärntnertor-Theaters, namentlich aber für die Oper, dazu Räumlichkeiten braucht, wird ihm von Maria Theresia das Hofballhaus zugewiesen, an das heute noch der Name Ballhausplatz erinnert; doch behält der Hof ein Verfügungsrecht. Helfer der eigentlichen Hof- und Adelsspiele in Liebhaberzirkeln sind Metastasio und, häufig ungenannt, der Meister, der eben alles kann: Gluck.

Lopresti, der Nachfolger des Seilliers, erbaut an der Stelle des Hofballhauses im Jahr 1748 ein „wahrhaftiges Theatrum": das k. k. privilegierte Theater nächst der Burg. Die Wiedererkannte Semiramis, Oper von Metastasio-Gluck, wird dort, dem Geburtstag der Kaiserin zu Ehren und zur Weihe des Hauses aufgeführt. Dieses Burgtheater wird zunächst und eigentlich die Stätte für Gluck und Mozart. Im Burgtheater ist der Hof, ist die Kaiserin viel unter den Zuschauern.

An das Burgtheater kam schon 1752, von der Kavaliersdirektion herbeigerufen, durchaus nach dem Geschmack des

Kanzlers Kaunitz, eine französische Schauspielergesellschaft und mit ihr die komische Oper und das Ballett der Franzosen; Gluck schrieb auch für diese Truppe die Musik und so fand er später über den Schauspieler und Literaten Favart den Weg nach Paris. Der noble und auch begüterte Mann, der er war, fand sich übrigens eines Tages als Direktor des Burgtheaters, wobei er fast sein ganzes Vermögen „zugebrockt" hätte. In den Wirren dieser Zeit ist Abenteurern geglaubt worden, die hart in die Nähe Casanovas führen. Ein Bankhaus greift ein, im Theater darf Hasard gespielt werden und von einem österreichischen Kaffeemonopol als Subvention für die Unternehmer geht die Rede. Wegen zu großer Kosten wird nach zwanzig Jahren, 1772, die französische Komödie aufgelöst. Ihres Geistes Ausstrahlung, ihre Bedeutung für das Weltbürgertum wienerischer Kunstübung läßt sich nicht überschätzen. In die Haupt- und Weltstadt Wien soll Klopstock, soll Goldoni, soll Lessing kommen. 1776 proklamiert Josef II. das Theater nächst der Burg zum Hof- und Nationaltheater und bietet seinen Schauspielern eine Republik der Künstler „mit dem Kaiser an der Spitze." Er sendet Künstler auf Reisen und gewinnt die großen seiner Zeit. In diesem Zeichen, in dem Glauben an ein deutsches Schauspiel, in der Gemeinschaft mit dem französischen Geist, in der Pflege der italienischen Oper, in stetem Umgang mit Meistern wie Gluck und Mozart ist das Burgtheater entstanden. Keine deutsche Bühne, außer Weimar, war gleicherweise gesegnet und um Wien und Weimar schloß sich alsbald ein enger Kreis. Der Oper war Kaiser Josef nicht mehr Künstler und Kenner, wie seine Vorfahren, aber Förderer, freilich in der Hast eines Menschen, der weiß, daß ihm keine Frist gegönnt ist.
Die Zeit ist dahingestürmt. Eine zierliche, sentimentale und dabei doch vernünftelnde Epoche hat begonnen, der Ruf nach Natur ist erschallt und in der Oper nimmt ihn nicht nur die Buffa auf. Umwälzungen bereiten sich vor: sie führen einerseits zu klassischer Höhe der Kunst, andererseits zu gewaltsamer Umbildung der Gesellschaft und zu den Krie-

gen der Jahrhundertwende. Da erstarkt die Sehnsucht nach
der alten Ideal-Oper, von der griechischen Tragödie hergeleitet. Die Arienbündel seit Metastasio waren zu sehr selbstherrliche Musik. Wo blieb die Dichtung?
Ihre Waagschale senkte sich also wieder einmal. Gluck, im
Musikland Böhmen erzogen (das Benda nach Berlin, Stamitz
nach Mannheim entsendete), von der Wiener und neapolitanischen Seria, von der französischen Oper wie von der Händels, vom älteren deutschen Lied, aber auch von der Buffa
und ihrer Pariser Abart, der Opéra comique erfüllt, faßt
alles das zusammen und holt zu den drei Schlägen aus,
die auf dem Wiener Burgtheater geschehen: Orpheus 1762,
Alceste 1767, Paris und Helena 1770. Nicht nur die Sprache
dieser Werke ist italienisch — ihre spätere französische Umarbeitung hat sie wesentlich verändert. Die italienische Fassung zeigt die „Reformen" in ihrer ganzen Reinheit: die
Oper ist überall wieder Drama, die Rezitative werden nicht
mehr vom Cembalo, sondern vom Orchester begleitet und
damit lebhafter gefärbt, Ensemble, Chor, Ballett fügen sich
in den neuen Bau, das erste „Gesamtkunstwerk" ist da.
Der helfende Dichter ist Calsabigi, Beamter des Bankdienstes, Italiener mit französischer und deutscher Kultur, der
von Metastasio ausgeht, sich aber von ihm abwendet. In
dem Bund der Träumer und Zukunftstürmer ist der Graf
Durazzo nicht zu vergessen, in entscheidender Zeit Oberleiter
des gesamten Theaterspiels. Über dem gewaltigen Pathos
der Reformopern vergißt man zu leicht den Gluck entzückender, französisch und italienisch beeinflußter komischer Stücke, so der „Pilger von Mekka", der „Cythère Assiégée", oder des neuestens wieder belebten „Ivrogne corrigé", in dem Gluck nach echt Wiener Art seine eigenen
Furienszenen im „Orpheus" parodiert. Im Ballett folgt er
den pantomischen Anregungen von Hilferding und besonders
Angiolini, mit dem er seine Tanzdichtung „Don Juan" schreibt
— da Ponte und Mozart hielten sich an das Vorbild. Am
Ende des Jahrhunderts gibt es übrigens in Wien abermals
einen Erneuerer der Tanzkunst, Viganò, für den Beethoven

seine „Geschöpfe des Prometheus" ersann. Madame Vigano trat fast unverhüllt auf und die Begeisterung des Publikums war so groß, daß bald jedes Vorstadttheater seine falsche Viganò hatte.

Was Gluck anlangt, so fand seine Reform in Wien wie auf der deutschen Bühne nur einen Achtungserfolg. Die Anhänger der Musizier-Oper und der entfesselten, von Gluck in die Schranken verwiesenen Sänger erklärten, das sei eine Kunst nur für Länder mit schlechten Stimmen. So ging Gluck, seinem Ziel nachstrebend, nach Paris, das ihm als Lehrer der Marie Antoinette ohnehin offenstand. Dort kam es zu dem epischen Streit mit Piccinni, aber Gluck überwand alle Widerstände und schuf die Weltoper dieser Zeit, eine Vereinigung deutschen, französischen und italienischen Kunstgeistes. Der müde Meister kehrte nach Wien zurück. Von seinen Schülern ist Salieri als Nebenbuhler Mozarts und Lehrer Schuberts dem Gedächtnis noch lebendig; verschollen sind Salieris große, einst bewunderte Opern, darunter eine mit Text von Beaumarchais.

Der Ritter Gluck ist allüberall ein großer Mann, um den schier ein Mythos erwächst. Aber er steht fast allein. Das Musikdrama, ob Seria oder Reform-Oper, ist nicht der Geschmack der Zeit. Die italienischen Opernhäuser in Deutschland stehen leer, man muß Soldaten hinkommandieren, damit es nicht hallt. In Frankreich, in Italien, in Deutschland dringt die Buffa vor. Ein Werk wie die „Gute Tochter" von Piccinni, Text von Goldoni, hat überall einen gewaltigen Erfolg (1764 in Wien). Hier trifft Gaßmann (Contessina 1771) den italienischen Konversationston; ja diese Buffa überdauert und verdrängt Mozart, dessen kurzes Leben inzwischen verloschen ist und die für Wien geschriebene „Heimliche Ehe" von Cimarosa wird 1792 ein unerschöpflicher Triumph. Die Buffa überlebt auch das deutsche Singspiel, zu dem sie auf dem Umweg über Paris geführt hat. Dort wird der „Dorfwahrsager" des Philosophen Rousseau bestimmend; ihm folgt der Italiener Duni, für die heitere Oper der Franzosen von gleicher Bedeutung wie Gluck für ihre tragische. Sein Dichter ist Favart, in der satirischen Tendenz gegen Hof und Adel eine Art Vorläufer des Beaumarchais — der dritte Stand lacht zunächst. Die Texte von Favart werden von Weiße für Hiller übernommen und das deutsche Singspiel beginnt, aber alle deutschen Theater, auch das Wiener spielen eifrig die Werke jener ersten Meister der Opéra comique, eines Monsigny, Philidor, Grétry. Diese deutschen Singspiele waren nicht so sehr Sängern als Schauspielern zugedacht und ihre einfache Musik wurde rasch ungemein volkstümlich; man hörte sie wirklich auf allen Gassen. Ihre Texte sind ländliche Idyllen, auch hier von einer Abneigung gegen die Herrschaft, die Stadt, alles Naturferne getragen. Allerhand Komponisten sind am Werk. Josef II. lernt in Brünn ein solches Opus kennen und verordnet das deutsche National-Singspiel am Burgtheater: als erstes Stück werden die „Bergknappen" des Orchesterbratschisten Umlauf 1778 aufgeführt. Alles „Fremde" kommt nun immer mehr an das Kärntnertor-Theater, das als deutsches Theater begonnen hatte, während das Burgtheater dem deutschen Spiel zu dienen beginnt. Der Boden für das Singspiel ist in Wien durch Kurz-Bernadon und das Komödienlied (darunter Kompositionen von Haydn), vorbereitet. Übrigens war das alte Kärntnertor-Theater von 1708 nach einer Aufführung des Don Juan-Balletts 1761 niedergebrannt (der Kassier kam in den Flammen um). 1763 erstand das Gebäude nach Plänen des Schönbrunner Schloßarchitekten Pacassi wieder: das „alte" Haus, zu dem erst 1869 das heutige „neue" kommen sollte.

Dem National-Singspiel erging es nicht besser als anderen überhasteten Plänen Kaiser Josefs. Nach einer kurzen Blüte, bezeichnet durch Dittersdorf (Doktor und Apotheker 1786), verfiel es als Einrichtung schon 1787. Das Singspiel von der wienerischen Art ging alsbald an die Vorstadtbühnen über und huldigte jedenfalls ihrem Geschmack, der bürgerliche Verklärung und Feenzauber verlangte. Wenzel Müller (Teufelsmühle), Kauer (Donauweibchen), später Schenk (Dorfbarbier) und Weigl (Schweizerfamilie) gaben die großen Erfolge.

Ein erneuter Versuch mit einer ernsten deutschen Oper, namentlich von Mannheim (Holzbauer) ausstrahlend, schlägt abermals notgedrungen fehl. Noch die „Zauberflöte", „Fidelio", ja selbst der „Freischütz" muß vom Singspiel ausgehen. Mozart hatte sich nach der „Entführung" gegen seinen Willen der italienischen Oper zu verschreiben.

Dieser wohl erst nach einem Jahrhundert in seiner tragischen Größe und elysischen Lieblichkeit so recht erfaßte Genius wurde von seiner Zeit kaum erkannt. Er war ihr ein Komponist unter anderen und die Zeitgenossen mögen bei zeitgenössischen Tonsetzern mancherlei gehört haben, was ähnlich klang und nach Ähnlichem zielte. Diese Wiener theatralischen Zeitgenossen respektierten auch eigentlich nur Mozarts unleugbaren Weltruhm.

Mozart will nach Wien, sehnt sich nach der Oper, hofft auf das National-Singspiel. Seine Finta semplice, eine Buffa, wird vom Burgtheater abgewiesen, die Finta giardiniera im Haus des Arztes Mesmer auf der Landstraße aufgeführt. Auch dem „Idomeneo", der großen, an herrlicher Musik so reichen Seria, wird nur eine Wiener Privataufführung zuteil. Aber da ist Mozart schon in Wien. Josef II., diesem Genius ein Schätzer, nicht eben Gönner, befiehlt, die „Entführung" den deutschen Nationalopern des Burgtheaters anzureihen. Intrigen werden zunichte, der Erfolg ist, 1782, im Juli, stürmisch, „die Leute scheinen recht närrisch auf diese Oper". Es geht gut, Mozart kann heiraten. Zur Hofanstellung langt es nicht.

Folgt der Schauspieldirektor, für Schönbrunn und das Kärntnertor-Theater. Kaum drei Monate später (1786) wird, italienisch, am Burgtheater die „Hochzeit des Figaro" aufgeführt. Der Theaterdichter da Ponte, ein weiterer in der Folge der großen Librettisten, als abenteuernder Abbé jüdischer Abstammung eine echte Figur der Zeit, wagt ihm den Griff nach dem verbotenen Lustspiel des Beaumarchais; der Kaiser, Musiker, hört ein paar Takte der Musik, erlaubt, befiehlt die Aufführung und das Meisterwerk nimmt seinen

Lauf. Mehr als Respekt erreicht indeß Mozart in Wien nicht. Auch nicht mit dem „Don Giovanni" (1788) und der richtigen italienischen Buffa „Cosi fan tutte" (1790), einem grandiosen Werk, das noch immer im Schatten steht. Wie anders war die Aufnahme in Prag, für das er, dort von der Gesellschaft, vom Publikum vergöttert, den „Don Giovanni" geschrieben hatte! In Prag spielten die Werkelmänner Melodien aus dem „Figaro", die Zeit bis zur Aufführung des „Don Giovanni" (1787) war ein Rausch, diese selbst ein Triumph ohnegleichen. Aber in Wien brachte den großen, wahren Erfolg erst das wienerische Zaubervolksstück, die „Zauberflöte", als solches vom Direktor des Freihaus-Theaters in der Wiedner Vorstadt bestellt, um den Konkurrenten in der Leopoldstadt zu schlagen — Mozart sollte Wenzel Müller niedersiegen. Er lüftete den Schleier von den Geheimnissen nicht bloß der Freimaurerei, flog über die Niederungen des Textes hinweg, empor zu seinen Symbolen und Ahnungen — und war, wenige Wochen später, tot und dieser Theaterwelt ein für allemal entschwunden. Ungezählte Nachahmungen der „Zauberflöte" wurden versucht, Fortsetzungen unternommen und der Theaterdirektor und Textdichter Schikaneder, alsbald ein reicher Mann, gründete, während Mozarts Körper in einem unbekannten Massengrab verschwunden blieb, sein stattlich umgebautes Theater an der Wien, — mußte es aber allerdings bald abgeben.

Nach der fast ausschweifenden höfischen Kunstübung des Barock gibt es um die Wende zum 19. Jahrhundert eine ebenso lebhafte adelige, aber auch schon eine bürgerliche, und die Vorstädte nehmen an diesem Leben teil. Der in Wien residierende Adel hat Beethoven mit Geld und durch Zuspruch gefördert und ihm seinen Lebensraum geboten; Schubert wächst, fast gleichzeitig, in einer bürgerlichen Kunstsphäre auf. Dort der große mäzenatische Zug — man denke nur an die Uraufführung der „Eroica" im Palais Lobkowitz, das Hausquartett des Grafen Rasumofsky, das Beethoven zur Verfügung stand, erwäge, daß Bediente oft nur

aufgenommen wurden, wenn sie auch ein Instrument spielen konnten — hier die bürgerliche Hausmusik etwa bei Schuberts Vater, die Gründung der „Gesellschaft der Musikfreunde", die ein Publikum heranbildet. Während noch Beethoven lebt, erst von der großen Menge wenig beachtet, in der Zeit des Wiener Kongresses auch sie erobernd, zuletzt durch die Italiener in den Hintergrund geschoben, sind, etwa im Anfang des neuen Jahrhunderts, außer den hier nur vorübergehend beschäftigten Meistern wie Cimarosa, in Wien ständig anwesend: Haydn, Schubert, Salieri, Konradin Kreutzer, Peter von Winter, Paer, Spohr, Cherubini, Hummel, Abt Vogler, Weber, Meyerbeer. Die Musik blüht wie selten, eine „klassische" Epoche geht nur zu Ende, um anderer Größe Platz zu machen. Der Fanatismus für die Oper aber wächst, das Wiener Publikum verliert in seiner südlichen Leidenschaft gerade damals beinahe die Besinnung. Revolution Krieg fast in der Vorstadt, Franzosenzeit, Erhebung, Sieg, der Kongreß: es sind allzu große Aufregungen — eine Entspannung muß kommen, aber sie bringt neuen Rausch. Dazu ist Wien ein bewegtes Asyl romantischer Geister, der Schlegel, der Geschwister Brentano, Eichendorffs; fast wäre E. T. A. Hoffmann dazugekommen. Alles sucht in Wien „die Herzlichkeit besserer Zeiten mit jener liebenswürdigen Regsamkeit des Südens vereinigt, welche oft dem deutschen Geiste versagt ist."
Als Beethoven dem Bewußtsein der Besten und selbst den Ahnungen der großen Masse etwas Außerordentliches geworden war, ein Mythos bei Lebzeiten, den seine feierliche Messe, seine IX. Symphonie am erhabensten bestätigte, als der Geiger Boehm es wagen konnte, die letzten Quartette bei Morgenkonzerten im Prater zu spielen, hatte der „Fidelio" schon gesiegt. 1805 in der ersten Franzosenzeit kam die Oper im Theater an der Wien zur Aufführung, konnte es aber mit den Eindrücken dieser Tage nicht aufnehmen. Es war die vierte Oper über den gleichen Stoff (Gaveaux, Paer, Simon Mayr); mit Ausnahme von Mayr folgen alle dem dem Text von Bouilly, den Sonnleithner für Beethoven um-

arbeitet. Aber auch die Musik Beethovens sucht oft der Linie und sogar einigen Einzelheiten von Gaveaux und Paer zu folgen, geht vom Singspiel und von jener Opéra comique aus, die auch tragische Stoffe nicht scheut und besonders während der Revolution den Namen „Schreckensoper" zu verdienen bestrebt ist. Das Werk erschien 1806 in einer Umarbeitung abermals an der Wien, 1814 aber in der heutigen Fassung, mit einem von Treitschke überarbeiteten Text, auf dem Kärntnertor-Theater; eine aristokratische Dame hatte Beethoven so lange gebeten, bis er seine Einwilligung gab und die Bearbeitung diesmal selbst vornahm. Zum ersten Mal seit langem wird, wenn auch vom Singspiel her, der Weg einer deutschen Oper im Sinn des alten Ideals sichtbar. Ein Jahrhundert sucht ihn nun zu gehen.

Aber zwei Jahre später war das alles hinweggeschwemmt. Verweilen wir einen Augenblick bei der Leidenschaft dieser Zeit und dieser Stadt für die Oper, für das Theater überhaupt. Von 14 Theatern, die in Wien damals spielten (aufgezählt in Wallascheks Geschichte der Wiener Oper) — ohne Schönbrunn, das in der Napoleonischen Zeit große Tage hatte, ohne die adeligen und bürgerlichen Liebhaberbühnen — waren schließlich die drei Vorstadttheater an der Wien, in der Leopoldstadt, und in der Josefstadt am weitesten in den Vordergrund geraten. Sie alle gaben auch Opern, ja sie setzten fast das ganze 19. Jahrhundert hindurch ihren Ehrgeiz darein, der Hofoper neue Stücke vorwegzunehmen. So wurde um jene Zeit der „Wasserträger" des längere Zeit in Wien weilenden Cherubini an der Wien früher, am Kärntnertor-Theater aber besser gegeben. Eine neue Oper von Méhul wurde dem Wiedner Theater durch besondere Eilpost, Kosten hundert Dukaten, zuerst zugesandt, dann aber doch an der Hofoper früher aufgeführt. Cherubini hatte in Wien nicht nur größere äußere Erfolge — er rang sich hier auch zu jener italienisch-französisch-deutschen Universalität durch, die ein Erbe Glucks war, Erbe aber nur an einen Würdigen. Beethoven schätzte besonders seine „Medea". Die „Faniska" schrieb er für Wien. Das Wiener Repertoire erfaßte die ganze französische Oper der Zeit, besonders Boieldieu (1826 Weiße Dame), Werke von Abt Vogler, Meyerbeers „Alimelek" (Weber und Meyerbeer waren damals in Wien Voglers Schüler), Opern des Wieners Mosel, der theoretisch das deutsche Musikdrama verfocht, von Kreutzer, Méhul, Spontini (Milton, Vestalin, Cortez). Spohr war 1813 bis 1815 Kapellmeister des Theaters an der Wien, sein „Faust" wurde dort (1818) aufgeführt. Ferner im Theater an der Wien, alles in der Zeit bis zu Beethovens Tod: „Abu Hassan" und „Preziosa" von Weber, „Emma" von Meyerbeer, von Schubert die „Zauberharfe" und „Rosamunde". Schubert war sicherlich kein Opernkomponist, litt aber schwer darunter, daß die Hofoper vollkommen den Italienern gehörte. Doch hat Barbaja, der italienische Pächter dieser wieder einmal verpachteten Hofoper, eine Zeitlang auch des Theaters an der Wien, zuvor Cafétier in Neapel, gerade Schubert beachtet und bei Weber eine Oper bestellt; es war die „Euryanthe". Das Theater an der Wien war nämlich bald als Konkurrenz der Hofoper mit dieser vereinigt, bald selbständig — aber finanziell ging es allen diesen Direktionen schlecht, nur Barbaja konnte sich zuguterletzt mit vielem Geld zurückziehen. Die Leopoldstadt war das Revier Wenzel Müllers, aber es wurde dort auch Gluck, Salieri und (schon 1787) des Spaniers Martin im „Don Giovanni" zitierte, höchst erfolgreiche „Cosa rara" aufgeführt. Das Josefstädter Theater, auf dem Raimund zum ersten Mal auftrat, nach einem Umbau 1822 mit Beethovens eigens dafür komponierter Ouvertüre „Die Weihe des Hauses" wieder eröffnet, spielte an Opern Wasserträger, Johann von Paris, einen anderen Freischütz, dann den richtigen von Weber, den ersten, wenngleich verballhornten Wiener Oberon (1827), Werke von Auber und Grétry. Hier geschah es manchmal, daß unmittelbar nacheinander ein ernstes Werk und dazu seine wienerische Parodie gegeben wurde. Hof- und Vorstadttheater erinnerten sich auch immer wieder an Mozart, dessen italienische Opern jetzt mit deutschem Text aufgeführt wurden, der „Don Juan" lange mit allerhand Einschiebseln.

Aber alles wollte hauptsächlich Neues, immer wieder Neues; Stadt und Vorstadt stritten sich um Entdeckerruhm. In die Erschöpfung der Nachkriegszeit, in die Karnevalsstimmung unmittelbar nach dem Kongreß, die rasende Lebensfreude einer sonst niedergehaltenen Bevölkerung schlug nun das Ereignis Rossini ein. 1816 kam mit einer vorzüglichen italienischen Truppe sein „Tankred". Schon da war das Publikum außer sich. Es folgte die „Italienerin in Algier", 1819 „Othello" (Schubert: „Außerordentliches Genie kann man ihm nicht absprechen"). Das Werk wurde deutsch in der Hofoper aufgeführt. Im selben Jahre noch wurde an der Wien der „Barbier" gegeben; die Hofoper folgte ein Jahr später. Nun war kein Halten mehr. Es ist schwer, sich ein Bild von dem Rossini-Taumel dieser Stadt zu machen, deren Musik-Sinnlichkeit wie immer in Nachkriegszeiten über alle Stränge schlug. Ohne Protest ging es nicht ab. Eine deutsche Partei, eingedenk der großen Überlieferungen der Opernstadt und der nationalen Erhebung, die noch vor kurzem zu preisen gewesen war, Mosel, Castelli, der Komponist und Kritiker Kanne widersetzten sich, aber Grillparzer war für die Italiener (wie in Berlin E. T. A. Hoffmann). Als Mosel gerade wieder einmal in eine neue Direktion des Operntheaters eintrat, wurde mit dem „Freischütz" 1821 ein großer Erfolg für die deutsche Sache errungen. (Nur durften diese Jäger nicht schießen, Kaiser Franz vertrug es nicht und der erste Wiener Freischütz spielte mit dem Pfeil, dem Bogen.) Aber schon kam Barbaja und brachte seine glänzende italienische Truppe, darunter den großen Bassisten Lablache und Rossinis Frau, die Colbran (die als gute Diplomatin gleichzeitig Barbaja und — den König von Neapel lenkte), und damit Rossini selber. Im März 1822 trafen sie ein; die Gesellschaft gab von Mitte April bis zum Juli 51 Opern, darunter fünf von Rossini, mit der Zelmina beginnend. Nach Rossinis Abschiedsabend war das Haus des Komponisten umlagert und er mußte vom Balkon aus für zahllose Zuhörer ein Freikonzert geben. Während seines Wiener Aufenthaltes besuchte er auch den in Alters-

einsamkeit zurückgedrängten Beethoven — als er dann die Stiege hinabging, brach er in Tränen aus über so viel Größe und Hilflosigkeit, aber der wienerische Begleiter meinte, Beethoven habe es nicht anders gewollt...
Unmittelbar vor Rossinis Triumph hat Weber unter großer Begeisterung (März 1822) den Freischütz selbst dirigiert. Barbaja, der deutschen Sache keineswegs verschlossen, bestellt bei ihm die „Euryanthe", die 1823 nach ungeheurer Spannung doch eher einen Scheinerfolg hat. Die gleiche Henriette Sontag, die in der Titelpartie glänzt, erste Sopranistin der IX. Symphonie, hat unmittelbar vorher zu einem neuen großen Sieg der Italiener mit der „Donna del Lago" von Rossini beigetragen, knapp nach einem Hauptschlag mit des Abgotts „Semiramis". Kein Zweifel, Wien hat sich wieder einmal für die Oper und gegen das Musikdrama entschieden. Da Henriette Sontag genannt worden ist, soll auch die Altistin der IX. Symphonie und alsbald Hofopernsängerin unter Barbaja genannt werden, Caroline Unger, eine Zeitlang Lenaus Freundin. Beim Wiener Ballett, auf der Wiener Opernbühne hat der Ruhm der Wilhelmine Schroeder begonnen.
1827 starb Beethoven, ein Jahr später Schubert; Weber war ihnen beiden vorangegangen — damit war, wie die Zeitgenossen meinten, die deutsche Oper gestorben. Sicherlich ist die Epoche der Wiener Klassiker zu Ende. Für das Wiener Opernspiel beginnt aber erst recht eine große Zeit — oder vielleicht geht der Wiener Operntaumel nur eben weiter.

Opern-Vormärz

Ein wenig Ältere unter uns haben in ihrer Kindheit von dieser Zeit der beginnenden Dreißigjahre ihre Großväter erzählen gehört: anders klingen dann die Namen großer Sänger ans Ohr, die damals an der Oper Geschicke entscheiden halfen. In so mancher Wiener und überhaupt österreichischer Familie reichen die Opernerinnerungen bis dahin zurück — auch eine „Tradition" und nicht die schlechteste.

An der Schwelle dieser Epoche, noch in den Zwanzigerjahren, führt die Hofoper den „Oberon", „Faust" und „Jessonda" von Spohr auf. Sie möchte gern deutsche Werke geben, aber ihr Publikum neigt mit Vehemenz zu den Romanen, Italienern wie Franzosen: zu der sinnlichen Musizieroper; für das gedankenreiche, im Gemüt edlere Musikdrama hat es viel Achtung übrig. Was beginnt die Praxis eines Theaters mit Achtung? Wien ergibt sich, und das muß dem Theater maßgebend sein, nun erst recht seiner Schwelgerei und der Gier nach „Ereignissen". Da erscheint 1828 der „Pirat" von Bellini; vor allem aber 1830 die Sensation des Rossinischen „Tell" und die nicht geringere der „Stummen von Portici". Die Reihe der großen Erfolge Meyerbeers beginnt mit den heute völlig unbekannten „Kreuzrittern" (1829). Das Jahr 1831 bringt die „Straniera" von Bellini und seine Oper „Romeo und Julia". 1833 Triumph der „Norma", Donizetti wird der besondere Liebling; 32 Opern von ihm sind durch das Wiener Repertoire gegangen: 1833 Anna Bolena, 1835 Liebestrank, dann Belisar, Lucia, Lucrezia Borgia mit der Unger, die als italienische Sängerin nach Wien zurückkommt; 1841 Favorita, im nächsten Jahr die eigens für Wien komponierte Linda, die er unter ungeheurer Begeisterung selbst dirigiert (so wie im gleichen Jahr das Stabat Mater von Rossini im Redoutensaal). Nach dem Don Pasquale hat er die „Maria di Rohan" 1843 wieder für Wien geschrieben und mit einer italienischen Gesellschaft selbst einstudiert. Seit 1842 ist er „Hof- und Kammerkompositeur", der erste, der nach Mozart diesen Titel führt; es ist übrigens mehr als ein Titel, er bekommt tausend „österreichische Lire" im Monat, muß aber eigentlich auch sechs Monate des Jahres in Wien anwesend sein. Schon 1846 streift ihn der Wahnsinn. Der österreichische Botschafter in Paris erwirkt dem Hofkompositeur die Freilassung aus der Irrenanstalt Ivry, so daß er im heimatlichen Bergamo sterben kann.

Franzosen: Halévy tritt auf. Das Josefstädter Theater nimmt die „Jüdin" (1835) wie schon Meyerbeers mit be-

sonderer Raserei empfangenen „Robert" der Hofoper vorweg (1833), ebenso Kreutzers „Nachtlager", das an der Hofoper 1837 ein großer Erfolg wird. Großer Erfolg auch des „Postillon" im gleichen Jahr. Aber was soll man zu den Schilderungen von der Premiere der „Hugenotten" sagen, zu der es im Operntheater 1839, abermals nach der Josefstadt, kam (die Zensur hatte sie als „Ghibellinen in Pisa" frisiert): das Gedränge vor der Aufführung war so groß, daß die Leute mit Leitern auf ihre Sitze hinabsteigen mußten. Als Richard Wagner 1832 zum ersten Mal nach Wien kam, klang ihm überall die eben (an zwei Theatern) aufgeführte „Zampa" entgegen, Zampa und Straussische Potpourris daraus. Beethoven war schon lange tot — fünf Jahre... Nach Wagner kam dann (1838) Robert Schumann, um in Wien festen Fuß zu fassen und seine revolutionäre Musikzeitschrift hier herauszugeben. Es mißlang — er wieder mußte Zeuge der Triumphe Meyerbeers werden, den er nicht so sehr haßte wie verachtete. Übrigens schwärmt er von der Stadt, der Landschaft, vom toten Schubert, klagt über Cliquen und mangelndes Zusammenwirken. Loewe beschreibt das Wien der verstorbenen Meister und das himmlischgenießerische Leben der Lebendigen in der Schwind- und Waldmüller-Zeit. Spohr aber hatte, Wien schon längst fern, geradezu einen Appell an die deutsche Öffentlichkeit gerichtet: man möge Wien vor der Verwelschung retten. Auch Lortzing, eine Zeitlang Kapellmeister an der Wien, klagte darüber, fand aber doch mit „Zar und Zimmermann" und dem „Waffenschmied" in den Vierzigerjahren ein dankbares Publikum. Ebenso wurden dem „Heiling" alle Sympathien zuteil, die man dem anwesenden Marschner nach Wiener Art reichlich erwies. Es gab keine Feindschaft gegen die deutsche Oper, gewiß nicht, aber es war nicht die Zeit, in der man sich mit ihr befassen konnte — die andern brachten zu viel Sensationen.
Da ist jetzt der „Stradella" populär, dessen Komponist, Deutscher von Geburt, die richtige romanische Opern-Weltläufigkeit eben erlangt hat — Stradella, den Ander singt,

und die „Haymonskinder" des Engländers Balfe, dessen Melodien die Leiermänner noch vor der Hofopernaufführung spielen: nun ist es das Theater an der Wien, das Premieren vorausnimmt. Es spielt „Romeo und Julia" von Berlioz als Oper — Berlioz, von Johann Strauß eingeführt, konzertiert dort dreimal — und Jenny Lind tritt an der Wien auf (1845): als Norma (am gleichen Abend tanzt an der Hofoper Fanny Elßler, man weiß nicht, welcher Attraktion man folgen soll), als Regimentstochter (Suppé dirigiert), Margarete in den Hugenotten und Nachtwandlerin. Sie kommt 1847 wieder, siegt mit Meyerbeers „Vielka" (später „Nordstern") und wird ebenso wie der Komponist über jedes bishin geltende Maß gefeiert; da wird Meyerbeer mit Goethe und Michelangelo verglichen. Der Lind aber bereitet man nächtlicherweile solche Ovationen, daß Militär „die Ruhe herstellen" muß. Und schon ist das Gestirn Verdi aufgegangen — 1843 Nabucco, 1844 Ernani und die Beiden Foscari — dem Publikum allerdings früher als der Kritik.

Was übrigens das Theater an der Wien anlangt, so ist seinem Direktor Pokorny, der als Klarinettist in einem Vorstadttheater begonnen hat, der Wettbewerb mit der Oper übel bekommen. Er gerät in solche Schulden, daß ihm nicht einmal — ein Pump unmittelbar bei Kaiser Ferdinand helfen kann: so muß er das Opernspiel in seinem Theater aufgeben. Die Hofoper selbst war inzwischen nach Barbaja, nach einigen Zwischengestaltungen an Duport verpachtet worden, weiterhin an die Pächter der Mailänder Scala, Balochino und Merelli; der Hof übte ein vielfach hemmendes und doch in geschäftlicher Beziehung nicht immer zureichendes Aufsichtsrecht aus. Von den Dirigenten war Heinrich Proch beliebt, besonders beim Orchester, dem er nicht viel Proben zumutete. Otto Nicolai hatte den Fanatismus der großen Sache; ein besonderer Orchestererzieher, begründete er 1842 die Philharmonischen Konzerte, verließ aber Wien, ohne daß seine „Lustigen Weiber" aufgeführt worden wären. Alljährlich begann mit dem Ostermontag eine italienische Stagione, künstlerisch wie gesellschaftlich als Ereignis erwartet —

Franz Schalk

sie dauerte drei Monate. Glänzend war das Wiener Ensemble, von dem hier nur die Wildauer genannt sei, die zugleich an Burg und Oper auftrat, der poetische Tenor Ander, der große Bassist Staudigl, ein hochgebildeter Künstler von stärkster Natur. Das Ballett hatte seine große Zeit, die Tage der Fanny Elßler, der Taglioni; die Namen haben für uns, es wurde schon gesagt, noch einen Schimmer von persönlichem Erlebnis. Wenn je die Wiener Oper eine große Zeit hatte, so soll es damals gewesen sein. War sie wirklich „größer?" Als ob es darauf ankäme... Ihr Glanz reichte jedenfalls aus, das politische Elend zu verdecken, die Sehnsucht nach einer neuen und freieren Zeit niederhalten zu helfen. Gerade in den letzten drei Jahren vor der Revolution von 1848 übertraf diese opernhafteste Epoche der Wiener Oper sich selber: mit der erfolgreichen, für Wien geschriebenen „Martha" und der minder erfolgreichen „Undine" stehen abermals die Haupttendenzen einander gegenüber, sinnliche Gefälligkeit und romantische Poetik. Im Vormärz eines anbefohlenen Werktagsrausches, den die Oper besser als jede andere Kunstübung herbeiführen kann, siegte die Gefälligkeit — das Leben da draußen war so häßlich, man wollte und sollte es nicht sehen. Mit der Bevormundung und Absperrung wurde nur Stifter aus seiner Natur fertig, Grillparzer fiel in Verbitterung, Lenau, in Verzweiflung. Jeglicher Ernst wurde von Wien ferngehalten und so wußte man auch von den Taten und Versuchen der deutschen Musik seit Mendelssohn über Schumann zu Wagner nur wenig Die Revolution fuhr dazwischen, aber sie tötete auch das alte Österreich. Alt-Wien vollends zerfiel.

Weltstadt, Hauptstadt, Großstadt

In den nächsten zwei Jahrzehnten erwächst das neue Wien, die Großstadt des 19. Jahrhunderts — es entgleitet aber die Weltstadt der Oper, die Wien in der Barockzeit, in der Epoche seiner Klassiker und noch in dem großen Rausch des Vormärz gewesen war, der Zeit, da die Musiker und Dichter nach Wien kamen, weil sie eine Stätte dieser Art mit der Seele suchten. Erst in den allerletzten Jahren, erst heute ist das Wien wiederum geworden, gleichsam als Protest gegen seine politisch-wirtschaftliche Erniedrigung und gerade da hat die Wiener Oper, die Wiener Musik am stärksten standgehalten und einer Welt unaufhörlich Anregungen gegeben. Aber wir haben es hier schwer gehabt: lange hat uns der Kontakt mit den geistigen Strömen gefehlt, lange der mit dem Süden, Westen und Osten — und er ist noch nicht völlig wiederhergestellt. Es war insbesondere ein unersetzbarer Verlust, als das alte Österreich 1859 und 1866 seine italienischen Provinzen aufgeben mußte. Nichts bezeichnender für dieses alte Österreich, als daß zwei wenn auch untergeordnete Menschen gleichzeitig die Mailänder Scala und das Wiener Hofoperntheater in Pacht haben konnten. Man erwog den Plan einer noch innigeren Gemeinschaft mit dem Ursprungsland der Oper, ihrem Süden; und selbst der phantastische Plan eines Dr. Becher, der in den Sechzigerjahren die Opern von Paris, London und Wien vereinigen wollte, ist nicht bloß zu verlachen. Eine Zeitlang behalf man sich, und recht lange noch, regelmäßig oder doch gelegentlich, mit der italienischen Stagione. Dann wenigstens, bis auf den heutigen Tag, mit italienischen Kapellmeistern, mit französischen und slavischen Ensemblegastspielen. Nur so lange Wien seine Universalität behält, wird es seine künstlerische Weltgeltung behalten.

Es darf nicht wundernehmen, daß die Revolution von 1848 auch gegen die eben zu eröffnende Stagione anstürmte. Die national-deutsche Begeisterung konnte gar nicht anders und die Wut richtete sich auch gegen die Luxusgagen der italienischen Sänger und das Treiben der „Gesellschaft", die ihr Publikum bildete. Die Zettel der Stagione wurden herabgerissen, das Regime Balochino - Merelli verschwand — seine Epigonen wurden schlimmer... Der Operntenor Formes hielt als Leutnant der akademischen Legion auf der Barrikade Reden für die deutsche Kunst. Natürlich ging das

alles sofort ins Wienerisch-Theatralische über, die Komiker Nestroy und Scholz bewachten mit Theaterflinten die Ferdinandsbrücke und Nestroy weckte in seiner „Revolution in Krähwinkel" für jedes Lachen links gleich ein Lachen rechts. Richard Wagner erscheint in der Stadt des „beispielgebenden" Aufstandes, ergeht sich in Theaterreform- und Sozialisierungsplänen, in denen er sich als Leiter der Oper sieht. Jedenfalls ist, gleich anfangs der „Welsche Tand" abgesagt und statt seiner erklingt in der Hofoper das Fuchsenlied. Oben ist man peinlich berührt, entläßt die Pächter, kündigt die Subvention (Staats- und nicht Hofsubvention, zuletzt 70.000 Gulden) und das Haus darf nur noch „Privilegiertes Operntheater" heißen. Ein Komitee der erwerbslosen Mitglieder, Staudigl, die Hasselt-Barth und andere gewinnen den Regierungsrat Holbein, Laubes Mitdirektor, als Verwalter, Franz Joseph gewährt abermals den Hoftitel für das Theater, und sein Minister Stadion gibt 60.000 Gulden Jahresunterstützung. Holbein ist Bürokrat und Kaufmann, aber ein nobler und sozial gerichteter Leiter; sein Chef wird, als Oberstkämmerer, der energische Kunstfreund Graf Lanckoronski. Man spielt, zum erstenmal zensurfrei und also überhaupt erst kenntlich, „Tell" und die „Hugenotten". „Templer und Jüdin" von Marschner, der „Schwarze Domino" von Auber und die „Zigeunerin" von Balfe — sie verblassen neben dem rasenden Erfolg des „Propheten" (mit Ander) 1850; Polizei muß durch Wochen den Andrang zügeln. Zwei Jahre später endlich die „Lustigen Weiber" wie fast alle nichtmeyerbeerischen Erfolge ohne den Segen der Kritik. Der Komponist ist tot; und Hanslick schreibt: „Eine keineswegs hervorragende deutsche Oper."
Mittlerweile ist Julius Cornet, Tiroler Sänger und Verfasser einer Reformschrift über die Oper in Deutschland, Direktor geworden (1853). Er inszeniert Spontini von neuem, bringt den zensurfreien Robert und läßt, wie schon sein Vorgänger, wieder die Stagione walten. Da leuchtet, wieder und immer noch unter dem unglaublichen Merelli, der aufsteigende Genius des großen Verdi: „Rigoletto"

(1852), „Trovatore" (1854), „Traviata" (1855), diese letzte von der Kritik mit der Sittenpolizei bedroht und übrigens gerade auf zwei Pflichtaufführungen geschätzt: „Auch nicht ein Takt, der eine Spur von Interesse zu erwecken vermöchte" (Hanslick).

Das Gestirn des deutschen Himmels, Richard Wagner, läßt sich nun in Wien nicht mehr verhängen — obwohl er ja für die Polizei ein „subversives Element", für die Kritik der wahnwitzige „Zukunftsmusiker" war.

Das Kapitel „Wagner und Wien" ist nicht so leicht zu schreiben. Man hat sich in dieser Stadt viel gegen ihn zuschulden kommen lassen, hat viel gutgemacht — aber es bleibt ein Rest, gegeben durch das zwiespältige Wesen dieses Großen, der immer wieder Bewunderung heischt und den Bewundernden nie völlig festhält. Wagner erkennt Wien und liebt es daher — aber er weiß auch, daß es ihm irgendwie fremd ist: als romanisch-kosmopolitische Stadt, während er, Kosmopolit durch und durch, das nicht sein will. Darum wendet er sich zuletzt dezidiert von Wien ab, dessen Wesen und Kunstbetrieb ihn nicht einmal so sehr anwidert wie seine Kunstschriftstellerei. Er hatte ein Recht, gekränkt zu sein. Aber er wollte von Wien zu viel, nämlich alles oder nichts — und das ist eine Alternative, vor die sich diese Stadt nie gern stellen ließ. So wollte er denn zuletzt — von Wien nichts mehr wissen.

Noch sind wir nicht so weit. Der Wagner der Sechziger-Jahre ist ein anderer als der von 1876. Hier die Summe seiner Wiener Erfahrungen...

An der Hofoper darf, im zweiten Jahrzehnt nach der Dresdner Uraufführung, der sittenlose „Tannhäuser" nicht gegeben werden; aber der Theaterdirektor Hoffmann führt ihn im August 1857 auf seiner hölzernen Sommerbühne, dem Thalia-Theater in Neulerchenfeld, sehr anständig auf, im Winter dann im Theater in der Josefstadt. Die Sensation findet ihre geniale Parodie durch Nestroy. Die Zeitungen wüten gegen Wagner blamabler als gegen andere; aber das Publikum ist, wie Schumanns „Neue Zeitschrift für Musik" aus Wien berichtet, der Kritik über den Kopf gewachsen. Nun gestattet man hochortigerseits der Hofoper — den „Lohengrin". Er wird 1858, schon unter der Direktion des Kapellmeisters Eckert (1857 bis 1860) gegeben, von Esser geleitet, mit der berühmten Besetzung: Ander—Lohengrin, Dustmann—Elsa, Beck—Telramund. Der Hoftheater-Tannhäuser folgt erst, seit die Zensur vom Schreck der italienischen Niederlage, 1859, gelähmt ist; aber dieser Tannhäuser darf noch immer das Wort „Rom" nicht aussprechen. 1860, siebzehn Jahre nach der ersten Aufführung, hört Wien den Holländer und weiß nun, sofern es seiner Kritik glaubt, ganz genau, daß Wagner einen neuen Stil erfand, weil er im alten nicht komponieren konnte.

1861 kommt Wagner selbst: zum erstenmal seit der Revolution darf er wieder deutsches Bundesgebiet betreten. Er hat den „Lohengrin" noch nie gehört, nimmt an einer Probe teil, gibt noch allerhand Anweisungen und wird bei der Aufführung (15. Mai), die ihn tief rührt, vom Publikum herzlich gefeiert; er dankt in einer Ansprache. Matteo Salvi, italienischer Komponist und Dirigent aus Bergamo, wie Donizetti Schüler von Simon Mayr, zuletzt Gesanglehrer und Theaterunternehmer in Wien, von hohen Protektoren gefördert, seit 1861 und bis 1867, dem allgemeinen Unwillen trotzend, Hofoperndirektor, schließt mit Wagner einen Vertrag, nach dem dieser in der nächsten Spielzeit den „Tristan" einstudieren und dirigieren soll. Proben beginnen — nach Jahren sind es mehr als 70, aber Ander, schon krank, kann den Tristan nicht erlernen und zudem intrigiert halb Wien gegen Werk und Aufführung; es ist auch bei Wagners Lebzeiten nie zu einem Wiener Tristan gekommen. Wagner erscheint zunächst im Herbst 1861 vertragstreu in Wien, erkennt die Situation und kommt erst 1862 wieder, um in Konzerten (Theater an der Wien) für seine neuen Werke zu werben; Bruchstücke daraus werden aufgeführt — es geschieht mit dem denkbar größten Erfolg. Außerdem liest er bei seinem Freund, dem Arzt Dr. Standhartner die Dichtung der „Meistersinger" vor, deren Beckmesser noch Hans

Lick heißt. Der Kritiker ist zugegen — das Weitere kann man sich denken. In Penzing Arbeit an der Komposition, Cornelius und Tausig kopieren, selbst Brahms leiht Hilfe; Geldspende der Kaiserin, trotzdem Schuldenflucht und als Denkmal dieser Wiener Jahre die Schrift über das Hofopernthcater, 1863, in einer Zeit der tiefsten Depression des Hauses verfaßt. Verbeugung vor Raimund und Strauß, vor dem Wiener Ballett, vor dem Wiener Geschmack selbst noch an der Stagione; aber auch das deutsche musikalische Drama soll würdig gepflegt werden, und das ist nur bei wöchentlich halb soviel Vorstellungen, bei Aufteilung der Kompetenzen, Fürsorge für Gesangskultur und für Nachwuchs möglich. Alles dies im Geist einer hohen Überlieferung (Gluck) wie für die Zukunft Gustav Mahlers ersonnen.
Die unmittelbare Wirkung? Sie kommt von Salvi, seinem Warum, Warum nicht und Justament... 1861 war außer dem „Glöckchen des Eremiten" und den „Verschworenen" von Schubert — die reichlich verspätete Aufführung heißt, da es Verschworene aus Zensurbedenken nicht geben darf, „Der häusliche Krieg" — eine Oper von Rubinstein aufgeführt worden, dem Hanslick mehr eigentliches Talent zusprach als Wagner. In einem Brief schrieb der würdige Kapellmeister Esser von Hanslick und einem ähnlichen Kritiker: „Sie werden doch nicht denken, daß sie mit ihren Zeitungsartikeln ... den Gang der Kunst aufhalten." Aber sie dachten es, und was schlimmer ist, sie haben immer wieder aufgehalten. Da Wagner gegen Offenbach ist, verschreibt man sich für 1864 eine Oper Offenbachs, die „Rheinnixen", ein schwaches Stück, in dem aber die Barcarole des nachgelassenen „Hoffmann" schon vorkommt. Kein Kritiker bemerkt sie oder sonst Offenbachs Vorzüge, Speidel macht den Konponisten gänzlich herunter, aber schon seit 1860 hat ihn das Kai-Theater entdeckt und als dieses in Flammen aufgeht, wird Offenbach rasch der Abgott aller Vorstadtbühnen; nur ist er ihnen zu teuer, die Direktoren ermuntern Wiener Komponisten, sich in der „musiquette" zu versuchen und so entsteht die Wiener Operette. Weil sich

endlich Wagner, deutlich erkennbar, gegen Salvi gewendet hat, wird dieser endgültig Direktor, wenn auch von vorneherein feststeht, daß er nur bis zur Eröffnung des neuen Hauses im Amt bleiben soll.
Schon in den Fünfzigerjahren war nämlich erkannt worden, daß das alte kleine und unbequeme Kärntnertor-Theater durch einen Neubau ersetzt werden müsse. Kaum minder ehrwürdig, aber auch kaum besser zulänglich als das alte Burgtheater war das Opernhaus von Pacassi, dem zuletzt noch ein Vorbau etliche Bequemlichkeiten zu bieten versucht hatte. Die große Oper brauchte eine andere Bühne, die größere Stadt einen Opernpalast. Schon Merelli hatte so spekuliert und er hatte ein Theater auf dem Ballplatz bauen wollen, ein italienisches Logenhaus in der Art von S. Carlo, Scala und Fenice. Als 1857 die Zeit der Wälle und Basteien ablief, war der Raum für Straßen und Bauten frei. Salvi war nur noch der Mann des Interregnums, des österreichischen Provisoriums. Schon vorher hatte es ein kleines Interregnum gegeben, in dem, nach Eckert, Esser ein Kollegium zu leiten hatte. Es sollte wieder zu einer Pachtausschreibung kommen, aber man bekam keinen Pächter und da wurde Salvi eben Retter aus einer Verlegenheit. Man ernannte ihn unter allerhand Sicherungen, er wurde von einem Beirat der Kapellmeister Esser und Dessoff, und der Musikkenner Sonnleithner und Hanslick umgeben, blieb aber unberatbar und — man ließ ihn sechs Jahre wirtschaften. Gegen seinen Willen wird der „Faust" von Gounod aufgeführt (1862); es folgt, auffallend spät (1866), schon nach Meyerbeers Tod, die „Afrikanerin" mit der Bettelheim als Selica. Eine Stagione, aber diesmal von Salvi selbst zusammengebracht, der ja Italiener ist, gibt 1864 den „Maskenball", den die Kritik heftig tadelt und die „Traviata" mit der Artot; im folgenden Jahr die „Macht des Schicksals."
1867 wurde Salvi endlich weggeschickt und Franz Dingelstedt als Direktor gewonnen. Weltmännisch, gebildet und von Esser gut beraten, voller Tatkraft und Fleiß, hatte er

alles Kunst- und Sachgut des Theaters neu zu bestellen, kümmerte sich um Ausstattung, Regie und um den arg vernachlässigten Chor. Er führte, mit Esser am Pult, die „Iphigenie in Aulis" in Wagners Bearbeitung auf, man merkte den andern Geist, wieder Geist überhaupt. Gounod leitete selber seine Oper „Romeo und Julia" zu einem Erfolg, die Ehnn war Julia, Gustav Walter Romeo und ein zweiter französischer Erfolg derselben Wiener Sänger wurde „Mignon" von Ambroise Thomas. So konnte der Verfall aufgehalten, eine böse Übergangszeit wenigstens belebt werden. Aber ein wenig Ungeduld spielt in alledem mit und sehr viel Übergang. Jedes Ereignis kommt in das Zeichen des neuen Hauses.

Das neue Haus

Das Jahrhundert der erwachsenden Masse forderte es. 1861 wurden auf Grund einer Konkurrenz die Pläne von Siccardsburg und van der Nüll zur Ausführung bestimmt, noch im gleichen Jahr ging man ans Werk, 1863 war der Grundstein gelegt, 1869 die Arbeit außen und innen vollendet. Beide Architekten lebten nicht mehr. Sie hatten seit jeher in engster Freundschaft und Arbeitsgemeinschaft gewirkt, hatten das Carl-Theater, den Palast Larisch, das Sophienbad errichtet, an der Konkurrenz für das Arsenal und für die Ringstraße entscheidend teilgenommen, an der revolutionären Ausgestaltung der Altlerchenfelder Kirche mitgeschaffen. Trotz soviel Kunst und Erfolg erfaßte sie diesmal, beim Bau der Hofoper, der Neid der Berufsgenossen und der Unverstand der Menge. Die Fundamente mußten in den Stadtgraben, 120 Meter tief, versenkt werden; es hieß alsbald, das ganze Haus sei „versenkt", und der Volkswitz nannte es gleich „die versunkene Kiste." Dann ist behauptet worden, daß man in diesem Wunder der Akustik nichts höre. Aber die beiden konnten solche Rede selbst schon nicht mehr hören. Van der Nüll, der Innenarchitekt der

gemeinsamen Bauten, natürlicher Sohn eines hohen Offiziers, ein schwermütiger Mensch, hatte sich im April 1866, von allen Widerständen gebrochen, aus dem Leben gebracht; Siccardsburg, der Konstrukteur, sonst heiter und gesellig, konnte den Tod des Freundes nicht lange tragen und starb nur zwei Monate später. Die Verfolgung dauerte noch über dieses Leben hinaus. Auch im Verfemen seiner Besten hat — leider — Wien seit langem Instinkt bewiesen.
Freunde und Helfer der beiden großen Architekten waren die Schwind, Rahl, Hähnel, Gasser, Laufberger, Engerth. Sie schufen den wesenszugehörigen Schmuck des Hauses: Schwind die Fresken der Loggia (aus dem Kreis der Zauberflöte) und die Wandgemälde des Treppenaufbaus, Rahl der Pathetiker, ein Umstürzler in seiner Zeit, das Deckenbild des Zuschauerraums und den Vorhang der tragischen Oper, Laufberger den der heiteren, Engerth die Fresken der Kaiserstiege, Hähnel die Statuen der Loggia, Gasser die Brunnengestalten zu beiden Seiten des Hauses. Der Bau ist oft beschrieben worden, auf eine Wiederholung, auf Details kommt es nicht an. Sein Ganzes ist Harmonie, er ist selbst Musik. Daß er keinen Stil kopiert, vielmehr aus Motiven besonders der Frührenaissance gleichsam improvisiert, scheint doch nicht Fehler, sondern Vorzug zu bleiben. Alle Maße sind rein und klar, das Haus gehört einem jeden, der es betritt, man hört überall fast gleich gut, im letzten Parterre vielleicht am besten und nur auf wenigen Sitzen der dritten Galerie nicht sonderlich; man sieht selbst von Rangplätzen so deutliche Bilder, wie sie das Rangtheater eben noch bietet. Die Bühne entfaltet Wunder an Tiefe, aber sie wird auch intime Wirkungen geben. In den Logen kann sich eine hellgeschmückte Menge schauen lassen und kann selber schauen, der Hof hat seine besonderen Aufgänge und Salons gehabt, im Stehparterre sah man die Friedensuniform der Offiziere, die erst im Krieg in die unauffällige Feldfärbung der Bluse übergehen durfte. Der Offizier war hier Gast des kaiserlichen Hausherrn und zahlte nur ein paar Kreuzer, weniger als für seine Garderobe; Frauen bekamen erst nach der Re-

volution Zutritt. Oben auf der vierten Galerie war eine Welt für sich. Hier war die Begeisterung der Studenten und Lernenden und der Theatereifer bescheidener Schwärmer verborgen; hier war jeder Sänger, aber auch jeder in diesem Publikum bekannt. Die vierte Galerie, selber nicht eben reich, ließ ärmere Gefährten abendlicher Schwärmerei ausbilden und studieren, erschöpfte sich in Förderung und Beobachtung — und rückte, von Jahrzehnt zu Jahrzehnt abwechselnd, ins Parterre: arriviert... Und oben saßen und standen andere, lehnten an den Gittern und Treppen, versanken in Partituren und berauschten sich an Wagner. Der gleiche wundersam abgetönte Raum umfing sie alle, ein Haus des frohen romantisch-romanischen Glanzes und der Freude, in eine sanft klingende und — man darf es heute wohl sagen — in eine österreichische Luft gestellt. Das ist unser Operntheater, unser „neues" Haus; und es geziemt einem Gast aller seiner Plätze und Ränge, diesem freundlich liebvertrauten Wesen eines beglückenden Baues für soviel bergende Güte, für soviel Ebenmaß, Licht und Schatten seinen Dank zu sagen. Das ist weniger und möchte mehr sein als nur Beschreibung und Aufzählung.

Die Aera Dingelstedt

Das neue Opernhaus wird am 25. Mai 1869 eröffnet. Nach einer Festouvertüre des Kapellmeisters Proch spricht die Wolter einen Prolog des Direktors Dingelstedt. Man achtet nicht auf die Ouvertüre, nicht auf den Prolog; ja, man behauptet, nichts zu hören. (Das alte Kärntnertor-Theater war überakustisch gewesen.) Hat sich das Publikum noch nicht an den Raum gewöhnt? Hat der Raum erst später seine herrlichen Eigenschaften merken lassen? Die Klage will nicht still werden, die wienerischen Witze flattern auf, es ist ein „Königgrätz der Baukunst" und die Prunkgesellschaft dieses ersten Abends spottet und medisiert. (Die Kaiserin fehlt.) Don Juan von Mozart. Beck ist der spanische Kavalier, die Dustmann Donna Anna, die Wilt Elvira, Walter Don Ottavio, Rokitansky der Leporello, die Tellheim Zerline, Mayerhofer Masetto; Schmid als Komtur steht nicht auf dem Zettel. Proch dirigiert ein verstärktes Orchester, einen verstärkten Chor. Man hat bis zu 111 Musikern (Paris nur 85); der Chor ist auf 80 Mitsingende vermehrt, eine Zöglingsschule bildet und übt den Nachwuchs. Bei einer Wiederholung des Don Juan können als zweite Besetzung aufwarten: Bignio — Don Juan, Wilt — Donna Anna, Materna — Elvira, Ehnn — Zerline, Müller — Ottavio, Schmid Leporello. Das Haus ist halb leer. Erst einige große Opern zeigen seinen bühnentechnischen Vorrang oder doch seine Gleichwertigkeit mit allem, was es damals gibt und besonders den Unterschied gegenüber dem kleinen Kärntnertor-Theater. Das Ballett Sardanapal gilt als Inszenierungswunder. Die Zauberflöte wird als solches, mit den neuen, fast bis heute noch gebrauchten Dekorationen von Josef Hoffmann ein Kassenstück und so ist schon im Herbst die Mutlosigkeit des Anfangs gewichen. Nach einem halben Jahr sind in das neue Haus herübergenommen, also erneuert: Don Juan, Romeo und Julia, die Stumme, Fidelio, Tell, die Hugenotten, Zauberflöte, Troubadour, Fra Diavolo, Armida, Prophet und Martha; dazu kommt außer Sardanapal das Ballett Flick und Flock. Reiche, fleißige Arbeit des Direktor-Regisseurs, waltende Mühe der Kapellmeister; und ein schönes Ensemble, dessen Ruhm uns schon nahe klingt, wenn wir seinen Glanz auch noch nicht kosten konnten. Die Dustmann, die 1875 schied, wird als eine romantische Natur und Künstlerin geschildert, hinreißend in deutscher Operntragik, manchmal vielleicht sogar über die Grenzen des Gesanges und der artistischen Zurückhaltung hingerissen. Bertha Ehnn, die zehn Jahre länger blieb, war, poetisch verklärt, wie es die Zeit liebte, die Margarete, Julia, Mignon, Agathe, und bald auch das Evchen der Meistersinger. Beck, den man (sagt Hanslick) nach zwei Tönen aus einer Legion von Baritonisten herausgehört hätte, Bignio, der lyrische Bariton für Verdi, die Tenore Labatt und Georg Müller, Gustav

Walter, der Meister- und Mustersänger, der zuerst Liederabende geben durfte, die Materna, spätere Wagnerberühmtheit, die Wilt, die so schön sang, daß man ihre Erscheinung übersah...
Das Jahr 1870 ergibt 15 neue Opern und 6 Ballette, dazu verschiedene Konzertaufführungen. Die Opern seien angeführt, um ein Bild des Spielplans zu versuchen: Freischütz, Lucia (zum ersten Mal), Meistersinger (davon später), Norma, Faust, Afrikanerin, Maskenball, Josef und seine Brüder, Tannhäuser, Mignon, Robert der Teufel, Lohengrin, Figaro, Jüdin, Judith (von Doppler). Soviel Arbeit ist nur möglich, weil Dingelstedt die fleißigen und brauchbaren Dirigenten mitbekommt, die dafür nötig sind: Proch, der dann 1870 nach dreißig Jahren des Dienstes weggeht, und Dessoff (1860—1875). Auf Heinrich Esser, der seit dem 1. September 1869 als „musikalischer Beirat" zu wirken hat, muß er bald verzichten; zu seinem Schmerz, denn er nennt ihn, den Helfer aller organisatorischen Vorarbeiten für das neue Haus, mit bestem Recht „sein musikalisches Gewissen". Und das ist der ernste, fast nüchtern wirkende Esser, ein vielerfahrener Dirigent, seit er Ende der vierziger Jahre aus dem Rheinland nach Wien gekommen war, auch als Komponist sorgfältig und gepflegt, eine Autorität für das Handwerk der Musik, des Theaters, der Konzerte. Die Hand Kriehubers hat einen Denkenden und Wissenden von geprägten Zügen festgehalten. Schon im Winter 1870 treibt ihn Krankheit nach Salzburg. Er ist 1872 gestorben.
Felix Otto Dessoff stammt aus Leipzig und wurde von Eckert aus Kassel geholt. Seit 1860 an der Oper, seit 1861 Dirigent der Philharmonischen Konzerte, ging er 1875, als Hans Richter nach Wien berufen wurde und er keine Anwartschaft auf die erste Stelle sah, nach Karlsruhe und dann nach Frankfurt, wo er bis zum Jahre 1892 gelebt hat. Aber recht eigentlich „musikalischer Beirat" Dingelstedts und bald noch mehr wird eine der glänzendsten Erscheinungen jener entschwundenen Generation, der wienerische Magier des Männergesangvereines, wird Johann Herbeck.

Die Jahre Herbecks

Es gibt ein verschollenes, sehr merkwürdiges und besonders für Wiener lehrreiches Buch: Johann Herbeck, ein Lebensbild von seinem Sohne Ludwig. Dieses Buch spricht sehr viel von dem Komponisten Herbeck, der hier außer Betracht zu bleiben hat; obwohl ihn einer oder der andere mit Mahler verglichen oder vielmehr Mahler durch Herbeck zu schlagen geglaubt hat. Aber auch wer sich sonst von der Torheit der Parallelen fernhält, kann einige fast geheimnisvolle Beziehungen zu Gustav Mahler nicht übersehen, muß eine Wiederkehr des Gleichen glauben. Nur verlaufen sich bei Herbeck viele Versuche in seiner Zeit und in seiner Umwelt.
Johann Herbeck, 1831 in Wien geboren, wird nach einer Kleinleutekindheit Sängerknabe in Heiligenkreuz, beginnt das Rechtsstudium, entsagt ihm bald und wird Chormeister an der Piaristenkirche. Seine Dirigentenleistung, die schöpferische Belebung einer fast noch neuen und doch schon wieder vergessenen Literatur, besonders der Messen und Chöre von Schubert, führt ihn dem jungen Männergesangverein zu, der eben begründete Singverein der Gesellschaft der Musikfreunde vertraut sich ihm an. Immer wieder ist es Schubert, den er in jedem Sinn des Wortes findet, besonders seit er auch die Orchesterkonzerte der Gesellschaft leiten kann. (Man verdankt Herbeck die „Entdeckung" der Symphonie in h-moll.) Schumanns Manfred, die Faust-Musik erscheint in den Programmen, ja sogar Liszt. Einige Jahre später ist Herbeck Kapellmeister der Hofkapelle; 1869 sieht er sich, schon gefeierter Dirigent — incomparable nennt ihn Berlioz nach einem Wiener Besuch —, „zur Teilnahme an der Leitung der musikalischen Angelegenheiten des k. k. Hofoperntheaters berufen;" er soll seine Tätigkeit besonders „dem Konzertwesen sowie der Sing- und Spieloper" zuwenden. Es ist ein erreichtes Ziel. Wien begrüßt ihn überschwenglich; Speidel mit lauten Hoffnungen, Hanslick allerdings mit zögernder Klage um den einzig gearteten Konzertdirigenten. Er

übernimmt, im Herbst 1869 beginnend, besonders das Repertoire von Esser und leitet, nach zwölf Proben, die „stehende" Oper Mignon. Sofort spürt man den anderen Geist. Er schöpft das Melos aus der Musik, erlebt die Töne, läßt sich von ihrer Leidenschaft mitreißen und verliert doch die höchste Klarheit nicht. In der Ouvertüre zu Figaro nimmt er ein atemloses Presto und befreit in der Ouvertüre zum Freischütz den so gern verhudelten langsamen Gesang. Eine große Aufgabe ist ihm gestellt. Die Meistersinger müssen zu Beginn des Jahres 1870 rasch einstudiert werden, um die noch geringe Opernfülle des neuen Hauses zu mehren; denn schon sind die Leute ins alte nicht mehr hineinzubringen. Es wird möglich. Am 27. Februar ist die Aufführung, ein vorbereiteter Skandal greift nach dem Ständchen Beckmessers ein, Beck als Sachs verliert die Fassung, aber Herbeck singt von seinem Pult aus weiter und Campe, der Merker, rettet mit. So wird dennoch ein großer Erfolg entschieden. Nur die Kritik protestiert und — Richard Wagner, der von Luzern aus, offensichtlich parteiisch unterrichtet, Änderungen der Besetzung verlangt. Herbeck beschwichtigt, Wagner lenkt ein, hält aber wieder und wieder die Münchner Leistung gegen die Wiener; er hat die Hofoper noch immer in wenig guter Erinnerung. Soviel ist sicher: die Wiener Meistersinger dauern, infolge der Striche, dreieinhalb Stunden, aber Beck, der die Kürzungen verlangt hat, erklärt nach elf Aufführungen, seiner Stimme zuliebe pausieren zu müssen.

Herbeck ernennt, ganz nach Wagners Angaben in der Schrift an das Hofoperntheater, einen chef du chant, den Hornisten Richard Lewy. Er legt die Leitung der Gesellschaftskonzerte zurück und wird, als Dingelstedt an das Burgtheater geht, Direktor der Hofoper (Dezember 1870). Er schafft die Claque ab. Es gelingt ihm, zweimal in fünf Jahren, eine Erhöhung der Orchesterbezüge zu erreichen. Trotzdem hat er im Orchester Feinde. Der Orchester- und der Chordirigent verleugnet sich nirgends; aber er sieht und ordnet klar auch das Szenische des Theaters. Ein verzehrender Fleiß erfaßt

das Haus. Das Jahr 1871 bringt an Übertragungen: Postillon, Holländer, Rigoletto, Der schwarze Domino, Euryanthe, Favorita, Heiling, Lucrezia und Dinorah. Der Holländer wird als Wunder der Inszenierung Herbecks gepriesen, Euryanthe und Heiling bieten Raum für die Glorie des beflügelten Chors. Rienzi, im Mai 1871, neunundzwanzig Jahre nach der Aufführung in Dresden, den Wienern endlich vermittelt, wird um seines Prunkes willen die höfische Festoper, wie später unter Mahler; Konzerte haben, schon seit der Spielzeit von 1869 auf 1870, den Manfred (mit Überleitungsversen von Kürnberger), die Ruinen von Athen und die Egmont-Musik ergeben. Fremde, die nach Wien kommen, sind voll von Bewunderung, die Einheimischen aber nörgeln und raunzen. Der Intendant Graf Wrbna, Halms Nachfolger, kümmert sich nur um die Kassenrapporte und, als Kavalier, noch um das Ballett. Darum ist im Spielplan, sehr wider Herbecks Willen, Meyerbeer vorn an und zunächst folgt Donizetti. An Entschiedenheit gegen den Intendanten läßt es Herbeck durchaus fehlen; und das wird schlecht vergolten.
Das Jahr 1872 bringt die Entführung, Cosi fan tutte, Abu Hassan von Weber, Feramors, eine Oper von Anton Rubinstein, der damals die Gesellschaftskonzerte leitet (dem Werk kann es aber nicht helfen) und den Lohengrin Niemanns. Außerhalb der Hofoper eine Stagione mit der Patti an der Wien; Triumphe Offenbachs in der Vorstadt. Der Rausch des Gründergoldes breitet sich aus. Wagner besucht die Wiener Getreuen, gibt drei Konzerte unter wildem Beifall, findet überall Teilnahme, läuft beim Rienzi aus der Vorstellung und versagt Herbeck, der in den Ferien nach Bayreuth kommt, die Walküre; die Aida hat der Direktor zuvor in Mailand erworben. Aber dieser Wagner hat Grund zur Vorsicht: Wien hat ihm den Holländer, den Tannhäuser und den Lohengrin zu lächerlichen Bedingungen ein für alle Male abgekauft und die Intendanz weigert sich, weitere Tantiemen zu bezahlen.
Im Frühling des Weltausstellungsjahres 1873 singt Caroline Bettelheim, nur noch Gast, nicht mehr Mitglied der Hofoper,

in einer Konzertaufführung des Operntheaters den Orpheus; Herbecks Leitung läßt Gluck in seiner tragischen Größe und Wucht aufleuchten. Als Théâtre paré wird der Sommernachtstraum mit Musik aufgeführt. Herbeck übernimmt sich an Arbeit, erkrankt, wird im Auftrag des Kaisers besucht, dekoriert, geadelt. Als Ausstellungsoper gibt er im Juli den Hamlet von Thomas mit einem Gast, Frau von Murska, als Ophelia und Beck, einem elementar-stimmgewaltigen Hamlet. Ein anderer Gast des Theaters wird im Herbst die Patti, die als Lucia für den Pensionsfonds singt. Im Dezember wird Oberon aufgeführt, szenisch aufs Prächtigste und Kostspieligste neu gestaltet. Herbeck erreicht, noch in der guten Zeit des Jahres, eine Teuerungszulage für das Personal. Kaum ist sie bewilligt, verspürt das Theater die allgemeine ökonomische Krise und Schumanns Oper Genofeva, eine „Musteraufführung", hat nicht den großen Gelderfolg, den sich die Intendanz erhofft. Da gelingt dem Direktor eine Überraschung für das neue Jahr 1874. Es ist Aida, von Herbeck längst erworben und jetzt als Kassenstück forciert. Nach allen Vorbereitungen, die sechzigtausend Gulden gekostet haben, kommt es am 29. April zur Aufführung (Wilt-Aida, Materna-Amneris), und zu einer Sensation dieser Pracht und — dieser Musik: Verdi hat die Wandlung vom Melodiker, vom Meister des Klanges zum dramatischen Ausdruck erreicht, man beschuldigt ihn folgerecht, daß er wagnerisiere, aber das Publikum ist hingerissen, geblendet: Aida wird in den anderthalb Monaten bis zu den Ferien fünfzehnmal gegeben und die Vorstellungen sind ausverkauft. Dennoch gibt es unaufhörliche Zerwürfnisse mit dem Grafen Wrbna. Herbeck stellt dem Obersthofmeister Prinzen Hohenlohe die Wahl, und so geht Wrbna; sein Nachfolger allerdings wird, für Herbeck wenig günstig, ein Hofrat des Obersten Rechnungshofes. Der Konflikt ist nur aufgeschoben. Inzwischen tut Herbeck alles, um die Erträgnisse des Theaters zu heben. Er gewinnt die Lucca als Gast; er führt Schumanns Manfred diesmal szenisch auf, Lewinsky spricht den Manfred, aber alle anderen Sprechrollen sind

Richard Strauß

von Opernsängern übernommen, die Ehnn gibt erschütternd die wortlose Astarte. (Noch in der Nachkriegszeit hat sie einmal die Erscheinung geheimnisvollen Schmerzes im Konzertsaal nachgestalten können.) Herbeck leitet den Abend auswendig, er beherrscht auch die Verse, zu denen sich die Musik so oft in melodramatischer Einheit gesellt. Noch zwei Entdeckungen gelingen dem unermüdlich forschenden und bemühten Direktor. Eine Musikzeitung berichtet über die Aufführung der Widerspenstigen von Hermann Goetz in Mannheim. Er erwirbt die Oper, verwendet jeden Reiz an sie, den sein Theater damals hat (Bertha Ehnn als Käthchen), dirigiert selbst — er hat seit fast zwei Jahren keine Oper geleitet —, erreicht aber im Gegensatz zu Mannheim nur jene starke Wirkung auf Kenner, die dem Werk in Wien beschieden war, so oft es wieder aufgenommen wurde. Einen Monat später, im März 1875, wird die Königin von Saba gespielt: großer und breiter Erfolg des Komponisten wie der Aufführung, Bedenken der Kritik, die Wagner zu riechen glaubt. Es ist Herbecks letzte größere Arbeit; sie wird abermals ein Zugstück des Theaters. Aber inzwischen haben sich die Sorgen um den wachsenden Fehlbetrag der Oper nur noch vermehrt, die Intendanz schulmeistert, im Haus und außerhalb wird gegen Herbeck intrigiert, er geht. (April 1875.) Speidel gibt die größte Schuld dem bürokratischen Dreinreden der Intendanz, die keine Verfügung über den Spielplan, über Einnahmen und Ausgaben gestattet, den Intrigen, der geringen Subvention, dem hohen Gagenetat und der verminderten Theaterlust des Publikums. Herbeck selbst sagt in einer Ansprache: „Ich scheide ungern, aber ich scheide mit reinem Gewissen und mit reinen Händen."
Die Mitglieder der Oper danken ihm herzlich, das Orchester am meisten. Und eine merkwürdige Zeit des Hauses, die Zeit eines berückenden Dirigenten und zu jedem Flug des Gedankens und der Tat bereiten Direktors ist um.
Johann Herbeck lebt nur noch zwei Jahre länger. Er leitet abermals die Gesellschaftskonzerte, die ihm Brahms sofort

übergibt. Sein Leichenbegängnis wird eine Feier rauschender Liebe und leiser Reue.

Franz Jauner

Die Hofoper sucht Geld, braucht Geld, aber andere lyrische Theater der nach 1873 gar bald wieder aufatmenden Hauptstadt sind darum nicht minder guten Mutes. Es ist die hohe Zeit der älteren Operette: am Carl-Theater Madame Angot, an der Wien die Fledermaus, beide dem Jahre 1874 geschenkt; hier die Geistinger, dort das Dreiblatt Blasel-Knaack-Matras. Zudem eine „Komische Oper" am Schottenring, eröffnet unter Albin Swoboda, die mit der alten Liebe zu einem kleinen Haus für die Spieloper rechnet und mit Werken schöner Erinnerung die beginnende Operette schlagen will. Aber man hat sich verrechnet und übernommen. Das Theater sickert weiter, spielt seit 1878 wieder, als „Ringtheater", pflegt das Volksstück, hält einen Kapellmeister Felix Mottl, und ist bestimmt (unter Jauner), 1881 ein furchtbares Ende zu nehmen. Das Thaliatheater besteht nicht mehr (seit 1870), das Treumann-Theater am Franz Josefs-Kai ist 1863 nach drei Spieljahren abgebrannt, ein Strampfer-Theater im alten Musikvereinsgebäude (Tuchlauben) lebt von 1871 bis 1875, Laubes Stadttheater spielt seit 1872 (durch zwölf Jahre) und das Kärntnertor-Theater ist am 17. April 1870 ganz ohne Abschied zu seinem Ende gekommen. Eine Vorstellung des Tell ist die letzte. Das Haus wird auf Abbruch verkauft, der Fundus dem Brünner Stadttheater überlassen. In einer schönen Mondnacht dringt der Tenor Erl in die Ruine des sinkenden Gebäudes und singt für enthusiastische Freunde von der noch aufrechten Bühne herab... Die Poesie ist in das neue Haus hinübergerettet.

Nur ist freilich das nächste Jahrzehnt eine Zeit des „Betriebs". Herbecks Nachfolger wird am 1. Mai 1875 Franz Jauner, zu Wien 1832 geboren, Schauspieler am Hofburgtheater, an reichsdeutschen Theatern, am Carl-Theater, seit

1872 bei großem Erträgnis Direktor dieser Bühne. Der Oberstholmeister hält ihn für den Retter aus der Geldnot und bietet ihm, den Wünschen des erfahrenen und selbstbewußten Mannes entsprechend, eine höhere Subvention (dreihunderttausend Gulden), Freiheit in allem, was Herbeck eingeengt und gefesselt hatte, die Erlaubnis, Hans Richter gleichsam als Vertrauensmann Wagners und der neuen Kunst zu gewinnen und das damals an der Hofoper unerhörte Gehalt von zwölftausend Gulden. Jauner gefällt sich ein wenig darin, alles besser oder doch anders zu machen als der Vorgänger. So wird das Orchester, wohl nach Bayreuther Muster, tiefer gelegt, so (ewige Wiederkunft!) mit den Ouvertüren des Fidelio experimentiert, indem man die große Leonore aus dem Zwischenakt nun an den Anfang des Werkes setzt und die Ouvertüre in E-dur streicht, fast so wie es nach Mahlers Abgehen verfügt worden ist. Die Inszenierung verliert sich in Äußerlichkeiten von Glanz und Stadt- und Vorstadttheaterpracht: die Königin der Hugenotten kommt zu Pferd, in Carmen ist alles bis zum Zirkus lebendig und sehr „wirklich", wie von den einen gehöhnt, von anderen berichtet wird... Ist es uns nicht, als kennten wir die Weise, kennten den Text?

Aber Jauner gewinnt das Geld, das er gewinnen soll und er hat Glück und Geist genug, es auf seine Art, das ist als Theatermensch von Rang zu gewinnen. Sein erster Gast oder doch Schutzgeist wird Richard Wagner, den er bald vollkommen versöhnt. Wagner dirigiert im Musikvereinssaal im März und im Mai 1875 drei Werbekonzerte für Bayreuth und Hans Richter leitet in diesen Tagen zum erstenmal die Meistersinger, deren ersten und dritten Akt er ohne Kürzung vermitteln kann. Jauner erwirkt, daß die Intendanz nun auch für Holländer, Tannhäuser und Lohengrin Tantiemen zu zahlen sich herbeiläßt, und zu den Wiener Verhandlungen im Herbst kommt Wagner abermals selbst. Man verspricht ihm auch Urlaub für die Bayreuther Festspielsänger aus Wien Und so gewinnt er wenigstens ein äußerliches Verhältnis zur Hofoper; nur mit dem Betrieb kann er sich nie und nimmer befreunden. Der Juni sieht Verdi in Wien und er dirigiert seine Totenmesse für Manzoni viermal im Hoftheater (Sopransolo: seine bewährte Freundin Therese Stolz, die „böhmische Sängerin", Altsolo Maria Waldmann, gleichfalls von der italienischen Bühne); wegen seiner unkirchlichen Opernhaftigkeit vielfach gescholten, teilt er doch abermals den Rausch seiner gesegneten Melodie und seiner Musikermenschlichkeit allen Empfänglichen mit. Um diese Zeit leitet er auch zwei Aufführungen einer italienischen Aida, abermals mit der Stolz und der Waldmann, dem Tenor und dem Baß des Requiems, sonst mit Wiener Kräften. Im Oktober führt man Carmen auf. Es wird nur ein halber Erfolg beim Publikum und ein noch geringerer bei der Kritik. Speidel spricht von einer Operette mit Tanz, Hanslick von Halbkunst, nur der kluge Ambros sieht in seiner Wiener Zeitung klarer. Carmen ist die Ehnn, Escamillo Scaria, auch eine von den Sagengestalten der Hofoper, an die sich Ältere noch wie an Jugendglück erinnern; später singt und spielt die Lucca ihre vielgerühmte Carmen. Mit dem November kommt wiederum Wagner. Seine Geldsache soll sich entscheiden und er wird auch Tannhäuser und Lohengrin von Grund auf neu studieren. Nach drei Wochen angestrengtester Proben, in denen Wagner selber alles „vormachen" muß, wird der Tannhäuser möglich; und sofort beginnen die Proben zum Lohengrin; beide Werke dirigiert Hans Richter. Wagner hat es eilig, sein Bayreuther Werk ruft und er hat die Hofoperngeschäftigkeit und das Wiener Vielerlei schon satt. Die Aufführung, am 15. Dezember, hat alle Züge von Wagner und trägt zudem das Zeichen seiner königlichen Gewissenhaftigkeit. Bei der Ankunft des Schwans muß jeder im Chor singen und nicht schreien, jeder lebendig teilnehmen und nicht mühsam den Takt zählen. Beim Zweikampf stellen sich die Ritter vor Lohengrin und Telramund, so daß man statt üblen Fechtens und Laufens nur die Helmspitzen der beiden sieht (wie später unter Mahler!). Und so fort. Wagner rühmt dankbar den Chor und verspricht, den Lohengrin zugunsten der vielgeplagten Chorsänger demnächst selbst zu dirigieren. Das Versprechen reut ihn, aber er kommt zum 2. März 1876 dennoch nach Wien, allerdings erst einen Tag vor diesem Abend, so daß er keine Probe mehr abhält. Eine festlich gesinnte Hörerschaft erfüllt das Haus; schon das überirdische Vorspiel unterwirft sie dem Genius, der sich auch nachschöpfend auf das Unnachahmlichste bewährt. Er muß zu den Leuten sprechen, muß an einem Mahl bei Jauner teilnehmen, aber im Geist ist er schon weiter und er weiß, daß diese Opernwelt nicht mehr für ihn besteht. Er wird nicht mehr in dieses begeisterte und halbbegeisterte Wien kommen — nimmt aber eine Reihe von Wiener Opernleuten, außer Hans Richter vor allem Scaria, die Materna und einige Orchestermitglieder zu den ersten Festspielen dieses Jahres nach Bayreuth.

Die gute Prosa des Jahres 1876 sind nach soviel Verzückungen zwei Opern, von denen Manches lebendig ist: die heroischen Folkunger von Kretschmer — ihren wirksamen Krönungsmarsch spielen noch die Konzertkapellen — und die Volksoper von Brüll „Das goldene Kreuz", in Lortzings und Konradin Kreutzers Art mit liebenswerter Bescheidenheit komponiert. Die beiden Werke haben Erfolg und Erfolg begleitet auch eine italienische Stagione im März und April, die von Rossini über Donizetti und Verdi bis zu Meyerbeer und Gounod ausschreitet. Für das Jahr 1877 werden an Neuheiten die Walküre und — Samson und Dalila von Saint-Saëns, das Ballett Silvia von Délibes, eine Stagione mit der Patti und ein Gastspiel der Lucca den Abonnenten verheißen. Dazu findet sich die Kraft zu einem neuen Erfolg des jungen Ignaz Brüll: mit der Oper Der Landfriede (nach Bauernfelds Lustspiel).

Daß Jauner zögernd die Tetralogie versucht und nicht mit dem Rheingold, sondern, Wagners Bedenken überwindend, mit der noch am ehesten opernhaften Walküre beginnt, ist erklärlich. Die Widerstände, namentlich die zeitungspapierenen, sind nicht gering. Zugleich mit der Walküre wird der Tristan erworben, aber darum nicht etwa aufgeführt; da wirkt die Scheu der Sechziger-Jahre nach. Für die Walküre verpflichtet Wagner die Hofoper zu den Dekorationen von Josef Hoffmann und schreibt auch die Ausführung der Kostüme und die Einrichtung der Theatermaschinen vor. Maler, Maschinist und Beleuchtungsinspektor bedanken sich denn auch für den großen Erfolg, aber es ist kein Zweifel, daß die Musik der Walküre in Wien gleich von Beginn an am reinsten und eindringlichsten für das ganze Drama des Ringes gesprochen hat. Besetzung: Labatt — Siegmund, Scaria — Wotan, Ehnn — Sieglinde, Materna — Brünhilde. Dirigent Richter. Der Kaiser spricht seinem Hofoperndirektor die „Allerhöchste Zufriedenheit" mit dieser Leistung aus; das Publikum äußert die seine in neunzehn Aufführungen des gleichen Jahres. Nach dem so guten Beginn (März 1877), wagt Jauner Anfang 1878 das Rheingold. Man macht zwischen dem zweiten und dritten Bild eine Pause. Siegfried folgt noch im November, ein Ereignis ohne die gewohnten Aufregungen für und wider, mit dem von Wagner besonders empfohlenen Sänger Jäger als Siegfried, mit Materna — Brünhilde, Beck — Alberich und Scaria — Wanderer. Die Götterdämmerung vollendet im Februar 1879 den Zyklus; nur eben, daß sie ohne Nornenszene, ohne die Szene der Waltraute gegeben wird. Die Nornenszene ist erst von Mahler aufgeführt worden... Im Mai 1879 werden die vier Dramen zur Folge aneinander gefügt.

Die „Striche" machen selbst Jaunern bang, wohl weil er wieder eine Verstimmung des mächtigen Mannes in Bayreuth fürchtet; aber Wagner findet in einem Antwortbrief die Striche für ein Repertoiretheater nur allzu begreiflich, und besonders für das Wiener, dessen Parkettbesucher — du liebe Zeit! — um elf Uhr nach der Oper gut essen wollen: selber habe er Kürzungen angegeben, Richter wisse sie, aber dafür müsse man es ihm, Wagner, zugute halten, wenn er gestrichene Aufführungen meide.

Das Publikum ging ohne Widerspruch, ja mit Begeisterung mit, die Kritik tobte: „Eine höchst unnötige Musik" (Hanslick — und das ist eines seiner mildesten Worte); „Bis heute ist das Mittel noch nicht erfunden, das Publikum in

Opern zu locken, von denen es nur zweifelhaften Genuß erwartet" (Speidel).

An neuen Werken hört man 1878 die Makkabäer von Rubinstein und Philemon und Baucis von Gounod; beides vergessene Opern. Rubinstein dirigiert selbst und wird gebührend gefeiert; aber es kommt zu keiner vierten Aufführung. Philemon hat nicht dieses quälende Versagen, aber wenn die Berichte ein Bild geben, die gleiche Belanglosigkeit. 1879 bringt Erneuerungen der Traviata, des Don Pasquale, des Johann von Paris. Saint-Saens gibt ein Konzert in der Oper und Brahms dirigiert da sein Deutsches Requiem. Die Silberhochzeit des Kaiserpaares wird durch ein Festspiel von Saar, drei Tage vor dem Makart-Festzug gefeiert. 1880, im letzten Jahre seiner Direktion, kann Jauner mit seinen besten Sängern einen Mozartzyklus bieten (sieben Opern, darunter auch „Idomeneo" und „Titus"), den er dann wiederholt und mit einer Aufführung des Requiems abschließt. Trotz soviel Arbeit und soviel Glück scheidet Jauner, weil ein neuer Generalintendant, der Freiherr von Hofmann eingesetzt wird und der Direktor nach seinem Vertrag an den Oberstmofmeister ohne Mittelperson gewiesen zu sein vermeint; es ist im Sommer 1880. Die Künstler bringen ihm Ovationen, der Kaiser verleiht ihm den Adel. Dann führt sein Weg abwärts. Er wird 1881 Direktor des Ringtheaters, an dessen Schreckensende man ihm eine Schuld zumessen will. 1884 arbeitet er als Oberregisseur an der Wien, zieht 1893 als Schauspieler nach Hamburg und kommt 1895 ans Carl-Theater zurück. Er stirbt in einem anderen Wien, fünf Jahre darauf, stirbt von eigener Hand.

Sechzehn Jahre Wilhelm Jahn

Die Ereignisse eben dieser Epoche mit dem Sinn des Historikers zu betrachten oder zu erfüllen, ist es noch zu früh. Denn wir haben die ihr unmittelbar folgende mit dem regsten Bewußtsein erlebt; mit einem so regen, daß die Ju-

genderinnerungen an die Zeit knapp vor Gustav Mahler verblassen mußten. Doch ist, so wurden wir belehrt, was damals blaß und matt war, in seinem Anfang farbig und blühend gewesen. Nur zu früh für uns, denen es nicht mehr Vergangenheit, aber noch nicht erlebte Gegenwart sein konnte. So spreche hier der Chronist; und er räumt gern Älteren den Platz, die sich an alles das und an manches dazu durchaus noch erinnern.
Der Generalintendant Baron Hofmann, der von 1880 bis 1885 regiert, Vorgänger jenes Barons Bezecny, der auch Generalgouverneur der Bodenkreditanstalt wird und als solcher die schöne Verwechslung hinnehmen muß, daß ihm ein für die Bank empfohlener Jurist durch ein Versehen zum Theater gerät, woher denn die Burgtheaterlaufbahn des Dr. Max Burckhard ihren Anfang nimmt, dieser Baron Hofmann beruft den Wiesbadner Kapellmeister Wilhelm Jahn als Operndirektor. Jahn gehört zu der Generation von Dirigenten, die aus den Dreißigerjahren hervorging; er ist zu Hof in Mähren geboren, beginnt als Sänger und wird, als er fünfundvierzig Jahre alt an der Hofoper beginnen kann, beiläufig ein ruhiger, tüchtiger, ernster, feiner Musiker gewesen sein. Den Lehrer von Geduld und Güte rühmt man hoch, Lehrer auch im Szenischen, wie er denn, bei aller später erlangten Körperfülle, gerade für die berühmte Aufführung der Manon dem Paar Renard-Van Dyck alles selbst vorgespielt haben soll; was freilich erst sehr spät mitgeteilt wurde. Mit den zunehmenden Jahren, die ihn nicht gesunder werden lassen, mit dem zunehmenden Mißbrauch seiner natürlichen Freundlichkeit vergrößert sich seine Scheu vor den Mitgliedern; schließlich verkehrt er mit ihnen nur noch durch seinen Neffen und Chordirektor Wondra. Auch eine fast eigenwillige Scheu vor Helfern hält ihn gefangen und selbst vor Komponisten, auf die solche Helfer etwa aufmerksam machen. So ist es schwer, ihn zu Smareglia und selbst zu Smetana zu überreden; die gehören seinem Kapellmeister Hans Richter. Denn die Zeit dieses romanisierenden Direktors und Dirigenten Jahn, dem weichere An-

mut besser gelingt als operndeutsche Kraft, ist recht eigentlich auch die Entfaltungszeit des begnadeten Menschen, als der sich Hans Richter von Jugend an weist. Ein Vierteljahrhundert darf Richter walten, getreuester Jünger Wagners, aber ebenso gewissenhaft gegen andere, seinem Meister fremde Opernwerke, von einer schier unerhörten Sicherheit des Ausdrucks und des Handwerks, ein wahrer Leiter ihm vertrauender Künstler und der gute Geist der besten Überlieferung. Die Meistersinger, das Werk, das er später noch so oft in Bayreuth dirigiert hat, es ist wohl seine schönste und wesenseigenste Gabe gewesen: was echt und deutsch, wüßt' keiner mehr, hätte es nicht in der Art von Meistern gelebt, wie er einer war. In den Philharmonischen Konzerten, die er lange leitet, ist er nicht minder der Lehrer einer wunderbar gezogenen großen Linie, Freund des Orchesters, Freund des Publikums. Diesem kommt er wohl auch entgegen und wird immer mehr, was es ist, beharrend, behaglich, zuletzt behäbig. Noch sind die Kapellmeister Wilhelm Gericke da (von 1874 bis 1884), ein Schüler Dessoffs, der viel Neues aufarbeitet, Johann Nepomuk Fuchs, seit 1879 durch zwanzig Jahre tätig, eine Zeitlang Direktor des Konservatoriums, Josef Hellmesberger, der Sohn des „alten" Hellmesberger, des berühmten Geigers und Anekdotikers. Das Orchester hat, herangebildet in der unausgesetzten Schulung eines Esser, Dessoff, Herbeck und Richter, die Höhe erreicht, auf der es Mahler bewundert und über die er es noch hinausgehoben hat. Sein berückender Glanz geht von den Streichern aus; hier führt die Überlieferung auf Josef Böhm, den Schüler von Rode, und auf Schuppanzigh zurück, sie leitet zu Hellmesberger, Grün, Rosé. Bei den Bläsern gerät Holz und Blech zu schönster Vollkommenheit, die Pauke ist von jeher berühmt und das Orchester als Ganzes spürt jeden Meister, aber — es braucht ihn auch. Gern schwelgt es sonst in seiner philharmonischen Vollkommenheit, sorglos verschwendend, was doch immer beherrscht und gebändigt werden muß. Die äußere Geschichte der sechzehn Jahre Jahn, dieser langen und längsten Direktion, ist beinahe die ihrer Zeit (nur nicht die Geschichte der deutschen Oper von damals): Bemühung um Richard Wagner, dessen Gewalt am Ende anerkannt werden muß, Erneuerung der eigenen Vergangenheit, ein wenig Heimisches und dann immer mehr Franzosen und Italiener; die musikdramatische Wagner-Nachfolge wird wenig sichtbar, und das doch wohl zum Glück. Es erneuert sich das alte Spiel eines Wiener Schicksals: nach einer Zeit des Hinstrebens zum deutschen musikalischen Drama zieht es diese Wiener Oper halb, halb sinkt sie in die Schwelgerei des romanischen Musizierens...

Jahn beginnt im November 1880 mit der Medea von Cherubini, in der sich die Materna auszeichnen darf und dringt über einen weiteren Erfolg des Bildungsrespekts (Schauspieldirektor) zu seiner ersten Premiere vor, der Bianca von Brüll. Der rechte Erfolg kommt erst im neuen Jahr 1881, nach einer Aufführung von Mendelssohns Loreley (dazu der Häusliche Krieg von Schubert!), mit etlichen Spielopern. Oberon wird als Dirigentenleistung des Direktors gerühmt. Neu ist Jean de Nivelle von Délibes, eine opéra comique, die nicht komische Oper sein will; besser trifft es schon, ein halbes Jahr später, desselben Komponisten „Der König hat's gesagt." Es ist übrigens die Zeit, in der man an der Hofoper gesprochene Dramen des Burgtheaters goutiert, zuerst, sofern eine Musik dazu gehörig ausgewiesen ist; Preciosa von Weber, Struensee von Meyerbeer, die Antigone des Sophokles mit den Chören von Mendelssohn. In den folgenden Jahren bis 1887 werden dann in der Hofoper, als in dem größeren Haus, hin und wieder auch andere Schauspiele aufgeführt, so besonders Dramen von Schiller und Shakespeare, aber auch Lustspiele und selbst Volksstücke; erst die Eröffnung des neuen Burgtheaters im Jahre 1888 bereitet dem Schauspiel an der Hofoper, dem Gegenbild des früheren Opernspiels am Burgtheater, sein natürliches Ende.

Der Sommer von 1881 hat wieder seine Stagione. Aber zwei neue italienische Opern, der Mephistopheles von Boito und

Simon Boccanegra von Verdi werden doch erst in der regelrechten deutschen Spielzeit von 1882 gegeben. Boito wird als Schänder von Goethes Faust und in Wirklichkeit doch ein wenig als übel bekannter Wagnerianer nicht schlecht verschimpft; um so günstiger klingen die Zeugnisse für Verdis Oper, die aber erst in unseren Tagen, von Werfel bearbeitet, Erfolg hat. Sonst wird, mit mehr Achtung als Liebe, Alfonso und Estrella von Schubert zum ersten Male angehört. 1883 sind aufzuzählen: eine Oper des Pianisten Leschetizky, eine von Bachrich, Gounods Tribut von Zamora und das Schöne Mädchen von Perth, eine vom Erfolg der Carmen herangetragene Jugendoper von Bizet. Und dann, im Herbst — der Tristan. Es sind zwanzig Jahre, seit sich Wagner um die Aufführung bemüht hat; aber erst sein Tod gibt dem Werk seinen Weg für Wien frei. Wo ist Ander, wo die Dustmann? Schon ist der junge Winkelmann Tristan, die Materna Isolde, Scaria der Marke, Rosa Papier die Brangäne: neue Sänger, ja ein neues Ensemble, das noch im gleichen Jahr durch Theodor Reichmann mitbestimmt wird, den Heldenbariton neben dem heldischen Tenor des Braunschweigers Hermann Winkelmann, der als Bayreuther Parsifal von 1882 seine Weihe empfangen hat. Fortan und für lange Jahre erwächst aus den feindlichen Anhängern des einen und des anderen der Hermann-Bund wider die Theodor-Bündler und die Ligen kämpfen heftiglich mit Applaus und Zischen. Reichmann ist der dämonische Sänger für den Vampyr und den Tempelritter Marschners, die jetzt wieder auferstehen, der Vampyr übrigens der Wiener Hofoper noch neu. 1884 kann man die längst verklungene Heimliche Ehe von Cimarosa hören und die Stagione des Jahres bringt die Gioconda von Ponchielli, deren großer Erfolg aber erst 1885, bei der deutschen Aufführung, durch die Lucca entschieden wird. Im gleichen Jahr das neue dramatische Mißgeschick Rubinsteins mit einem endlosen Nero, den Hanslick als Ausstattungsoper zu besehen rät, während Hugo Wolf, damals Kritiker am Salonblatt, in seiner nicht sehr höflichen Art behauptet, an der Langeweile dieser

Musik hätte der ewige Jude sterben können. Zum 4. Oktober, dem Namenstag des Kaisers, der wie der 19. November, der Namenstag der Kaiserin, nun auch gern die alljährlichen Feste des Spielplans bereiten hilft, darf die Alceste von Gluck wieder über die Bühne gleiten, Anton Dvorak findet Gehör („Der Bauer ein Schelm"), wenn auch „nationale" Kundgebungen das verhüten oder doch stören möchten. Die Ballette Wiener Walzer und Exzelsior ziehen ein und Yelva von Scribe mit der Musik von Reissiger wird unter den gesprochenen Dramen des Jahres aufgezählt. Aber der Erfolg des „Trompeters" in der gleichen Spielzeit, zu Beginn des Jahres 1886 ist niederschmetternd. Man deutet ihn, versteht sich, als Reaktion gegen Wagner, vielleicht nicht einmal mit Unrecht. Viel Freude bereitet anderen oder doch besser besonnenen Zuhörern die neue Oper von Goldmark, Merlin, nach der Dichtung von Siegfried Lipiner, dem später viel bewunderten Freund und philosophischen Mentor Gustav Mahlers. Man ist nur erstaunt, den Komponisten die Wege der Königin von Saba verlassen zu sehen. Danach zieht 1887 Massenet in die Hofoper ein; aber nicht mit Manon, sondern mit der später komponierten großen Oper Der Cid. Es gibt einen Achtungserfolg; hätte nur, meint Hanslick, etwas mehr Achtung und etwas mehr Erfolg dabei sein können... Mit der größten Spannung hat man den Othello von Verdi erwartet, der 1888 gegeben wird. (Jahn dirigiert, Winkelmann ist Othello, Reichmann Jago, Antonie Schläger die Desdemona): die erstaunliche Kraft einer neuen Wandlung, das hohe Alter des Meisters, der laute Erfolg des Werkes in Italien, es klingt wie Sage. Die Zeit für dieses Kunstwerk war damals nicht gekommen und ist heute noch nicht da. Die kaiserlichen Namenstage des Jahres bringen Stradella und den Wildschütz, beide von Jahn dirigiert, dem die Geister der Spieloper so gut gehorchen. Für den Wildschütz ist eine neue Baronin da, Marie Renard, eigentlich Pölzl und aus der Steiermark gebürtig, der Opernliebling der Wiener, wenn es je einen gegeben hat. Eine angenehme Sängerin und eine wahrhaft liebliche, im Besten österreichische

Natur: das ist ihr Zauber. (Als Rose Friquet im Glöckchen des Eremiten spricht sie: „Ich bin hübsch? Das hat mir noch keiner gesagt." Ein freundliches Summen zieht durch das Haus; Wien ist in Marie Renard verliebt.) Noch ein neuer Freund ist da und belebt den braven Lortzing, Fritz Schrödter. In dieser kleinen Renaissance der komischen Oper versucht der Direktor eine geschickte und ein wenig mehr als geschickte Bearbeitung der fragmentarischen Drei Pintos von Weber: der Bearbeiter heißt Gustav Mahler und ist Direktor der Pester Oper. Beatrice und Benedikt, die opéra comique eines Berlioz, und der kostbare morgenländische Barbier von Peter Cornelius schließen sich an; ja sogar der alte Schenk und sein Dorfbarbier wird wieder aufgenommen. Abseits steht der Vasall von Szigeth von dem eklektischen Istrianer Smareglia. Sonst: die Heilige Elisabeth von Liszt, das Oratorium als Oper, hier wohl eine Verbeugung vor der Kaiserin (seit deren Tod das Werk fast alljährlich am Elisabeth-Tag gegeben wurde), das Ballet Sonne und Erde und dann Manon, die vielumschwärmte, vielbeweinte, ach so süßliche Manon! Aber Manon von Massenet und nicht die so feine, noch so wenig raffinierte von Puccini. Seit dem November 1890 beglückt diese Manon alle Goldschnitt-Liebenden; und gar die Renard, gar Van Dyck! Massenet ist anwesend und nicht minder begeistert als das Publikum. Die gleiche Besetzung trägt, zwei Jahre später, den Erfolg des Werther, den Massenet in Wien zuerst und früher als in seinem Paris aufführen läßt; sein deutscher Text zeigt als eine der ersten Proben von der unscheinbaren und doch so schwierigen, soviel Geschmack erfordernden Kunst der Opernübersetzung, die Max Kalbeck seither übte.

Ein anderes Zeichen: die Cavalleria, im März 1891 unter Jahn mit der Schläger als Santuzza, mit Müller als Turiddu, der Kaulich als Lucia, mit Ellen Forster als Lola und Neidl als Alfio gegeben. Es wird die Bestätigung des Welterfolges, das Intermezzo muß, wie überall, wiederholt werden, in der Raserei des Publikums gehen die neuen Opern der nächsten Zeit, geht (bis auf den Werther) selbst die Sensation des Ritter Pasman von Johann Strauß so gut wie verloren. Schon nach einem Jahr muß eine zweite Oper von Mascagni folgen, Freund Fritz; die Enttäuschung ist allen Bemühungen zum Trotz unverkennbar. Dem dritten Werk, der rührsamen Elsässer Dorfgeschichte von den Rantzau, geht es 1893 wiederum besser; die Sänger Ritter und Reichenberg helfen zum Erfolg. In der Musik- und Theaterausstellung von 1892 hat Mascagni selbst den amico Fritz einer italienischen Gesellschaft dirigiert. Aber es ist an der Hofoper keine von den späteren Opern des dunkeläugigen Damenlieblings jener Zeit jemals gespielt worden.

Die Musik- und Theaterausstellung bietet mit ihren vielen Anregungen aus allerhand Ländern, in die der Schatten des Stephansturmes nicht mehr fallen kann, manches, was bleibt. Leider bleibt der Verismo, das wilde Operngefolge der Cavalleria, deren Santuzza dort übrigens von der Bellincioni ganz unvergeßlich gestaltet wird. Auch die Pagliacci von Leoncavallo nehmen bald ihren Weg vom Theater der Ausstellung in die Hofoper. Aber reicher sind die Gaben der Prager tschechischen Gäste, die die Verkaufte Braut von Smetana mit Hesch als Heiratsvermittler Kezal, den herrlichen Dalibor und den Dimitri von Dvorak bringen. Jahn, abgebraucht, kränklich, verschlossen, eigenwillig, wehrt sich gegen Smetana und gibt, erst 1894, nicht die Verkaufte Braut, sondern den Kuß. Der Bajazzo hat schon 1893 den Erfolg der Cavalleria, aber auch ihr Schicksal für den Komponisten erreicht; eine glänzende Besetzung fördert das Werk ... ach, wie oft hat sie seither gewechselt! Damals ist Paula Mark die Nedda (seine beste Nedda, sagt der Komponist), van Dyck Canio, Ritter Tonio, Dippel Beppo und Neidl Silvio, ist Hans Richter der Dirigent. Alle vier Neuheiten des Jahres 1893 sind italienische Opern; ein italienisches Gastspiel mit dem berühmten Maurel bietet (unter Mascheroni) den bewundernswerten Falstaff von Verdi, das 21. Werk des Meisters, das die Hofoper aufführte. An der Wien gastierten gleichzeitig andere italienische Gesellschaften, davon eine mit der Bellincioni und dem Tenor Stagno, in der Sänger der Hofoper mitwirkten.

Der Verismo tobt nun auch mit deutscher Methode: Rose von Pontevedra von Förster; Mara von Hummel; selbst Massenet schließt sich mit dem Mädchen von Navarra an. Heubergers wohlgebildete Mirjam, die Maler-Oper Cornelius Schutt von Smareglia sind kein Gegengewicht. Welche Lösung, welche Freude muß da das Geschenk der Zeit, die Märchenoper sein! Hänsel und Gretel von Humperdinck geht im Dezember 1894 über die Hofbühne, das Paar Renard-Hänsel und Mark-Gretel führt in eine andere Welt, nach Manon und der Cavalleria wird es der dritte, ganz große Erfolg des Direktors Jahn. Man darf aber auch die Rolle des Balletts in der Kavaliers- und Gesellschaftsoper nicht übersehen; „Puppenfee" und „Sonne und Erde" des Ballettdirigenten Josef Bayer waren Zugstücke, Rastabende für das Opernpersonal und obendrein das Entzücken vieler Kinder... Und doch ist Jahn schon fast Direktor wider Willen. Es liegt in seinem mißtrauischen Zaudern, daß er, auf Smetana zurückkommend, nun wieder das Geheimnis und erst Ende 1896 die Verkaufte Braut aufführt, die, mit der Mark als Marie, mit Schrödter und Hesch sogleich ungemein gefällt; Hesch hat den Übergang von dem Theater seiner Heimat an die Hofoper mit dem größten Glück gewagt. Demselben Jahr 1896 dankt man noch zwei durchaus lebendige Opern, den Evangelimann von Kienzl, der als Österreicher spät nach Wien gelangt — neben van Dyck wird die Altistin Edith Walker gefeiert — und das liebenswürdige Heimchen von Goldmark, darin der Reiz der Renard (als Dot) mit dem Heimchen der unvergessenen Ellen Forster wetteifert. Die Schubert-Feier von 1897 wird mit den beiden Singspielen Der häusliche Krieg und Der vierjährige Posten (in der Bearbeitung von Robert Hirschfeld), bestritten. In dieser Saison von 1896 auf 1897 regt sich, fast wie in alten Zeiten und gleichsam entgegen der Müdigkeit unseres Hoftheaters, ein neuer Ehrgeiz im Theater an der Wien: Italiener mit der Bellincioni geben Mascagnis Zanetto, deutsche Opern folgen und im Mai 1897 erregt das Melodram Die Königskinder von Rosmer-Humperdinck schon dadurch Aufsehen, daß Rudolf Christians und die Hohenfels die Hauptrollen spielen. Unmittelbar nach dieser Premiere ereignet sich etwas Unscheinbares an der Hofoper. Ein neuer Kapellmeister ist angekündigt; er dirigiert den Lohengrin. Es wird die Sensation der toten Hofopernspielzeit. Der Kapellmeister heißt Gustav Mahler.

Magie des Künstlers: Gustav Mahler

Ein Jahrhundert ist zu Ende. In Wien gehen Gestirne unter: Bruckner, Brahms, bald Johann Strauß, bald auch Hugo Wolf. Ein anderes Gestirn geht auf, aber unvermerkt, Arnold Schönberg, es beginnt eine neue Epoche. Musikgeschichtlich steht sie im Übergang. Noch klingt die Wagner-Faszination ab, noch arbeiten Nachfahren oder Begabungen zweiten und dritten Ranges — sie sind gerade auf dem Gebiet der Oper bemüht, in der Tonsprache Wagners, in seinem vermeinten Geist und Sinn dennoch einen Ausgleich mit den Wünschen des Publikums herzustellen. In außerdeutschen Musikgebieten vollzieht sich die bewußte Abkehr von Wagner und auch eine Nationalisierung der Musik, die sich zudem an das Folklore anlehnt (slawische Länder, Frankreich, Italien), oft auch, gerade in Italien und in Frankreich, an eine heimische Überlieferung und große Geschichte wieder anknüpft, wie sie durch das neunzehnte Jahrhundert, eine Allerweltszeit der Technik und der internationalen Freude daran unterbrochen worden ist. Wenn ein Debussy, ein Casella Kritiken schreiben, so beginnen sie, schon damals oder um weniges später, damit, eine Rückkehr — die Musik schließt immer wieder Kreise — zu der eigenen Vergangenheit spätestens des 18. Jahrhunderts zu fordern. Darüber geht die „neue" Musik auf, der solche Anknüpfung an die Vorklassiker etwas Natürliches ist.
In Wien, der Musikstadt und, wie sie sich schmeichelt, im-

Gustav Mahler

mer noch Hauptstadt der Musik, ist man durch schwelgerisches Behagen und Genießen, durch Gewohnheit und Presse längst eingelullt. Man merkt von alldem wenig oder fast nichts, will es auch nicht merken. Daß gerade in dieser Stadt ein Schönberg beginnen muß, ist sein Pech. Seine ersten Werke gehen, sofern man darauf achtet, in Hohn unter; nach dem fis-Moll-Quartett schlägt jemand vor, den ehrwürdigen Bösendorfer-Saal fegen und reinigen zu lassen, auf daß er wieder würdig sei, richtige Musik zu beherbergen. Es hat Schönberg auch nicht genützt, daß verstehend, teilnahmsvoll, sei es auch nur mit ritterlicher Geste, ganz gewiß ein Ahnender, Gustav Mahler zu ihm hielt. Merkten doch von der Bedeutung der Mahler-Zeit selber nur wenige, was zu merken war. Ein paar „gute Aufführungen" ließen sich wohl nicht hinwegleugnen. Aber es ging um etwas ganz anderes. Mahler verkündete nach der romanischen Epoche Jahns und seines Publikums mit seinem ganzen Fanatismus die Gedanken der Renaissance-Oper, eines Gluck und Wagner. Wieder ist ein Umschwung da, eine Wendung, derengleichen die Geschichte des Wiener Opernspiels bezeichnen. Ja, erst Mahler erobert der Bühne das „Gesamtkunstwerk" Wagners durch seine Verbindung mit Alfred Roller: er dringt zuletzt folgerecht zu dem Plan einer zyklischen Festaufführung deutscher Meisterwerke (von Gluck bis zu Wagner), vor. Es ist nicht mehr dazu gekommen. Aber Mahler ist Gegenwartsmensch, Universalkünstler genug, die romanischen und slawischen Zeichen der Zeit und eines neuen Weges nicht zu übersehen. Er pflegt auch die nichtdeutsche Oper, verschließt sich mit einiger Scheu vor den Zeitgenossen besonders daheim, wird aber zu einem Pfitzner leichter überredet.

Noch etwas gibt der Mahler-Zeit, einer klassischen Epoche des Theaters, ihr Signum: die bewußte Pflege der Regie. Opernregie — die in Wien bis zu den Zeiten des Alleskönners Staudigl, wenn nicht gar weiter zurückgeht —, von Jahn selbst übernommen oder doch überwacht, wird nun zum ersten Mal eine besondere Kunst und bald ein Fach.

Auch darin gehört Mahler uns Menschen von heute, daß er dem Theaterbesucher und wohl auch dem Volk auf dem Theater die Augen geöffnet hat: „Theater" heißt, der Wortbedeutung nach, Schau-Stätte.

Aber zunächst beginnt mit der Mahler-Zeit erst eine Epoche des Reinigens und Straffens. Mahler ist, da er eingesetzt wird, siebenunddreißig Jahre alt, Österreicher obendrein und sogar jüdischer Abkunft; nur eben von schon gefürchteter Leidenschaft für die Kunst, von höchster Glut, durch alle Flammen gepeinigt, gereinigt. Sein verhetztes, verzehrendes Leben hat ihn über alle Schmach der kleinen und mittleren Theater und zweimal, in Pest und in Hamburg, an einen neuen Aufbau zertrümmerter Stätten geführt; ein unbekannter, ein verhöhnter Komponist, ringt er zugleich mit den Zeitgenossen und mit der Pflicht des Tag-für-Tages. Niemand hat sie gewissenhafter erfüllt.

„Er ging feinfühlig in die Traumweise des Vorspiels ein; nur auf dem Höhepunkt der Komposition, da, wo die Blechinstrumente mit aller Macht einfallen, faßte er mit einer raschen, energischen Wendung das ganze Orchester. Die Wirkung war zauberhaft... Er zeigte eine Gegenwart für alles. Er stand in lebendigen Beziehungen zum Orchester, zum Chor, zum Einzelnen; niemand vermißte sein Zeichen." Das sind ein paar Worte von Ludwig Speidel über diesen Lohengrin. Die Oper ist erobert, Jahn darf jetzt ruhig sein Alter pflegen, Mahler wird schon im Oktober Direktor. Es beginnt abermals eine Zeit der rasenden Arbeit, nichts Neues für ihn, ein Neues, Unbequemes, Unerhörtes für das müde Haus, für ein so gern amüsiertes Publikum. Eine Diktatur des Echten und Gültigen hebt an: keine Claque, notgedrungene Pünktlichkeit, weil sonst die Türen zum Zuschauerraum gesperrt bleiben, Zwang, genau nach der Partitur zu singen und sinngemäß zu spielen, keine Striche bei Wagner. An Opern die Zauberflöte, Lortzing, der wundervolle Dalibor von Smetana in einer klugen Einrichtung, ja Rettung für die Bühne; dämonisch wirkend, der Eugen Onegin von Tschaikowsky; in zartester, bester Arbeit die reizende Djamileh von Bizet; neue Belebungen und wohl gleichsam Erweckungen aus der älteren Zeit: Weiße Dame, Freischütz, Apotheker von Haydn, Opernprobe von Lortzing. Es sind die gröbsten Umrisse der ersten zwei Jahre. Schon damals, zu einer Zeit, da niemand an eine vergeistigte Kunst der Bühne dachte, im Freischütz statt des Kasperltheaters der Wolfsschlucht gespenstige Beleuchtungen, in der Götterdämmerung, deren Nornenszene endlich gegeben werden kann, statt der Praterbelustigung des Schiffstau-Schleuderns ein bloß andeutendes „Seilwerfen ohne Seil". Dem schönen Ensemble der Winkelmann, Reichmann, Reichenberg, Schrödter, Hesch, Grengg, Renard und Mark werden in diesen und den nächsten Jahren eingefügt: die Mildenburg, Marie Gutheil, Selma Kurz, Hermine Kittel, Berta Foerster-Lauterer, Schmedes, Slezak, Frauscher, Demuth, Weidemann, Mayr, der bescheiden-tüchtige, zu bald verstorbene Moser, die Altistin Petru, dann Lucy Weidt, Grete Forst. Es sind nur die Frühesten, Besten; Mahler hat auch späterhin eine glückliche Hand: nur keine leichte, er rüttelt die Künstler auf, schult sie rücksichtslos, treibt sie an wie ein Dämon, treibt sie oft zur Verzweiflung, aber er treibt sie auch weit über sich selbst hinaus. Nicht alle wollen, nicht alle vertragen das und besonders Lieblinge oder eigenwillige Naturen verlassen das Haus, so die Renard, Van Dyk und Naval, der lyrische Tenor, so selbst eine Edith Walker. Aber ideale Instrumente dieses hoffmannesken Theaterdirektors sind die leidenschaftlich kunstergebenen, begnadeten und dennoch lernenden Menschen wie Schmedes, wie die Mildenburg, die Gutheil oder die getreuen, geduldigen, zuletzt durch ungeahntes Wachstum belohnten Schüler wie Weidemann, Maikl, Moser, die Kittel, späterhin die Foerstel und die ausgezeichnete Frau Cahier. Jünger, Adept seiner Art und Auffassung wird der junge Dirigent Bruno Walter, der so gewissenhafte und seither so wichtige Franz Schalk betritt das Haus, Brecher und Loewe sind für kürzere Zeit Kapellmeister, ein hochbegabter Italiener, Spetrino, übernimmt die in Wien seit jeher sondergestellten Opern seiner Landsleute. Neue Werke: Siegfried Wagners Bärenhäuter,

ein größter Erfolg, Donna Diana von Reznicek, die Kriegsgefangene von Goldmark, Jolanthe und Pique Dame von Tschaikowsky, von einer dunklen Dämonie, die Mahler aufspürt und in nie erreichter Intensität jeden fast körperlich fühlen läßt; Es war einmal von Zemlinsky, Bundschuh von Reiter, Lobetanz von Thuille, Hoffmanns Erzählungen, eine Tat gegen den Aberglauben der Theater, der die Oper des Ringtheaterbrandes scheut, von größter Kostbarkeit der Arbeit (die noch auf der Hauptprobe von den Geigern sechs Wiederholungen des Walzeranfangs fordert); Feuersnot (1902), eine sagenhaft schöne Erneuerung der Lustigen Weiber mit der Gutheil als Frau Fluth, Figaro, zweimal in kurzer Frist durchgearbeitet und so gewonnen und wieder gewonnen, Cosi fan tutte, als erstes Werk auf der Drehbühne inszeniert, Rienzi, Meistersinger, Maskenball (unter Walter), Ernani, Aida mit den neuen Dekorationen von Lefler, Zaide, nach Mozart von Robert Hirschfeld bearbeitet, die Hugenotten...
Das sind nur die Namen, aber nicht einmal alle. Und alles dies ist neu, äußerlich und innerlich erneuert, zur Vollkommenheit des Musikers erhoben, szenisch aufs Sorgfältigste geordnet. Aber abends ist, nach fleißigsten Proben, alle Arbeit verwischt, alles wird durch die Magie des Willens und der Persönlichkeit gleichsam improvisiert und dem Schaffen des Komponisten hellseherisch nachgestaltet. Das ist Gustav Mahlers erstes Jahrfünft, seine unverbrauchteste, ungestörteste Arbeitszeit, das Werk eines Mannes, dessengleichen die Hofoper noch nicht gesehen hat und wohl auch kaum wiedersehen wird.

Mahler, Künstler und Denker, der sich gern Rechenschaft gab, schaute nochmals sein Theaterwerk in drei Epochen: er durfte sich einer Zeit der erreichten Vollkommenheit rühmen, dieser ersten fünf Jahre; durfte von einer höheren Stufe sprechen, von einem der Wirklichkeitsbühne schon entrückten Stil- und Ideal-Theater — zweites Jahrfünft der Wiener Zeit. Unvollendet, nur erträumt, sah er eine dritte Epoche seines Wirkens vor sich, die alles dessen, was er mit seiner reifsten Einsicht noch würde gestalten können, was

alles möglich gewesen wäre ... Was ihm also nach den
ersten fünf Jahren zu schenken blieb, war ein Schaffen über
die Realität des alltäglich spielenden Theaters hinaus; Licht,
Farbe, Bild mußten ihm helfen, daß er eine neue Bühne finde,
baue, gestalte. Der Meister dazu war Alfred Roller, ernst,
unerbittlich, sein Handwerk heiligend, dem großen Wecker
und Erleuchter Mahler willig ergeben. Roller kam, Mahler
durch Carl Moll und Frau Alma Maria zugeführt, aus dem
Kreis der jungen Sezession, der Künstler um Klimt, mit aller
Leidenschaft dieser Gemeinde und mit dem Eifer der lang
Gehemmten. Aber als auch diese Zeit erfüllt war, als Mahler, abbrechend und unvollendet ging, gehen wollte, gehen
mußte, blieb ihm, freilich weit jenseits der Wiener Oper, die
Sehnsucht nach höchster, freiester szenischer Entfaltung.
Ich habe es in einer stillen Döblinger Nachtstunde von ihm
gehört: „Alles, was ich zeigen konnte, war nur ein Vorspiel; das Eigentliche sollte erst kommen."
Die zweite und für die wirkliche Welt also letzte Zeit
Gustav Mahlers, abermals ein Jahrfünft, beginnt in der Werkvereinigung mit Alfred Roller, wie sie zuerst, zum zwanzigsten Todestag Richard Wagners (Februar 1903), der neue
Tristan zeigt. Zehn Tage vor dieser Aufführung ist, zum
ersten Male, die Neunte Symphonie von Bruckner gespielt
worden; einen Tag nach dem Tristan stirbt in verdämmernder Geistesnacht Hugo Wolf. (In seinem Wahn war er einen
Tag lang Direktor der Wiener Oper gewesen und hatte
„Mahler gestürzt.") Zweier Toter unsinnlich-übersinnlichste
Welt — und hier, im neuen Tristan, alles Farbe und Klang,
alles Drama, alles „Gesamtkunstwerk" in einem schönsten
Sinn. Kein Nachahmen einer Realität des Zufalls und der
flüchtigen Erscheinung mehr, sondern Erfassen der Idee
durch eine dem Opertheater bishin noch fremde, erst erwachende Kunst. Dieses wilde Rot und Gelb der Segel und
der Zelte, dann, im zweiten Aufzug, das geheimnisvolle
Blaulila der Nacht und das kalte Licht des Tages, in Tristans
Heimat die heilende Kraft einer Höhenhelligkeit; dazu die
unvergessene Leidenschaft des von Mahler aufgepeitschten

Orchesters und das Erlebnis der Mildenburg als Isolde, auch sie wie Schmedes-Tristan unter Mahlers persönlichster Einwirkung: das ist noch viel mehr gewesen, als heute der erhaltene Rahmen alles dessen ahnen läßt. Damals war es der höhengewisse Beginn eines Flugs.

Vereint mit solcher Loslösung dennoch eifrigste Arbeit im täglichen Spielplan: die schöne, reichbelebte Louise von Charpentier (März 1903), eine von allen guten Geistern der Musik getragene, in Wort und Sinn aufs glücklichste erneute Euryanthe und Hugo Wolfs so edel-lyrischer Corregidor; die Boheme von Puccini, die mit ihrem süßen kleinen Tränentüchlein jene an der Oper zuerst gespielte Murger-Veroperung eines Leoncavallo seither vollkommen verwischt hat; der Falstaff des verjüngtesten Meisters Verdi in einer sprühenden Aufführung; das Ballett Der faule Hans von Nedbal, die reizende Komödie des Waffenschmieds mit der Gutheil. Dann, im Oktober 1904, ein zweites von den ganz kostbaren Geschenken: der Fidelio. Er beginnt mit der Ouvertüre in E, vereinigt die Singspiel-Idylle des Anfangs in einem besonderen Bild, weckt mit dem rasch und bei geschlossenem Vorhang gespielten Marsch die tragischen Akzente und läßt plötzlich den starren, hoffnungberaubenden Gefängnishof, sehen, in den nur einige Baumzweige reichen, nur der Schatten des vorübergehenden Postens fällt. Leiseste Abtönung des Gefangenenchores. Nach der Kerkerszene ohne Pause die dritte Leonorenouvertüre, an dieser Stelle von erschütternder Wirkung, gespielt, daß man sie heute noch hört; und wiederum sogleich in den Jubel des letzten Bildes überleitend, das alle Befreiung in Licht und Weite auch szenisch erschöpft.

Zu Beginn des neuen Jahres 1905 dann das Rheingold als erstes Stück der nach neuer Erkenntnis nunmehr zu gewinnenden Tetralogie. Erst nach zwei Jahren folgt, und schon in den Stürmen des Abschieds, die Walküre mit den Bildern der ganz anders, gleichsam erst sinngemäß aufgestellten Hütte Hundings, der erhabenen Felsenwildnis der Todesverkündigung (einer idealen Dolomitenlandschaft) und mit dem Brün-

hildenfelsen über jeder Nähe des etwa noch Menschlichen. Wenn im ersten Akt das Tor, jetzt links in der Ecke (und nicht wie sonst im Hintergrund), plötzlich aufgeht, so fällt das Mondlicht den Geschwistern, die sich rechts aufhalten, ins Gesicht und sie erkennen einander. Im Dunkel leuchtet unauffällig das Schwert auf. Die Walkürenalpe hat keinen Fleck von ebenem Boden: was auf die Bühne kommt, kann sich nicht bewegen, muß starr in der urweltstarren Landschaft stehen. Frickas Widdergespann bleibt weg; die reitenden Walküren sind durch gespenstische Wolken angedeutet; und der Kampf Siegmund-Hunding-Wotan ist nur in Schattenzügen sichtbar. Orchester und Gesang des ersten Aktes von wunderbarster Klarheit und Sorgfalt; die acht Walküren im dritten aufs Vollkommenste zusammensingend; richtiges, ruhiges Zeitmaß des Feuerzaubers.
Im Frühjahr 1905 die Rose vom Liebesgarten von Pfitzner, gegen alle Widerstände, und auch Widerstände des Orchesters, ertrotzt, auf einer bildhaft schönen Bühne mit aller zartesten Rücksicht für den anwesenden Komponisten szenisch und musikalisch bis zur Vollendung erprobt und seither, zu Mahlers Zeit, ein sicherlich publikumfernes Werk, dreißigmal gegeben. „In ihm war Liebe", sagt Pfitzner von Mahler; er hat an solche Genialität der Arbeit in dem Betrieb von heute gar nicht mehr geglaubt. Er sagt es von einem Direktor, der eben damals selber Werk um Werk vollendet, weniges aufgeführt und noch weniger verstanden sieht...
Festspiele zu dem Grazer Tonkünstlerfest von 1905: Feuersnot, der Faule Hans, Rose vom Liebesgarten, Heilige Elisabeth. Die Fremden sind entzückt; die Einheimischen nörgeln und raunzen. (Wo ist in dieser Geschichte der Wiener Oper der gleiche Satz nur schon geschrieben worden?) Im Herbst die Neugierigen Frauen von Wolf-Ferrari, ein angenehm venezianisches Maskenspiel. Das Jahr 1906, ein Mozartjahr, soll durch einen erneuten Zyklus gefeiert werden. Er beginnt schon Ende 1905. Cosi fan tutte, szenisch belassen, mit dem Ensemple Gutheil-Kurz-Hilgermann-Slezak-Demuth-Hesch; Mahler am Cembalo, wie fortan bei allen Mozartaufführungen.

Aber so innig verschwebt man jetzt in diese Musik, als hätte man sie nie zuvor, nie seither schöner und reiner gehört. Es war der elysische Mozart, den Mahler gab; der lösende, heitere, ganz und gar verklärte, über alle irdische Schönheit hinaus, die erreicht und überwunden sein mußte; und dann wieder der tragische Mozart, dieser vielleicht fast noch ergreifender, so in dem Ernst und in der höllischen Ironie des Don Giovanni. Der ist, im Dezember, die nächste Oper im Zyklus. Auf der Bühne bilden die „Türme" einen festen Rahmen; vereinfachte, stilisierte Bühneneinfassung. Die Prospekte dunkelblauer Nachthimmel, gestirnt, Zypressen (aus Samt geschnitten, nicht gemalt); zur Champagnerarie ein Barockschloß mit farbenreichem Garten; Kirchhof mit malerischen Gräbern; Aufbahrungsgemach zur Briefarie; zweites Finale: Saal in grellem Rot, Barockschmuck, Don Giovanni in weißem Brokat. Eine ungeheure, wilde Lebendigkeit allein schon der Zeitmasse, vom rasenden Presto der Ouvertüre bis zu der unheimlichen Steigerung des Schlusses; jedoch ohne das Sextett, in dem sich die Tugend zu Tisch setzt. Donna Anna die Mildenburg, ganz und gar im Sinn der Novelle Hoffmanns, dem Don Giovanni fast bedenkenlos unterjocht und nach dem Tod des Vaters nur noch mehr ergeben; Donna Elvira die Gutheil, sanft, aber Dame, zuletzt schicksalhaft als erste dem Gespenst begegnend, mit einem entsetzlichen Schrei von außen her über die ganze Bühne taumelnd...
Die Entführung, im Zeichen verordneter Sparsamkeit, aber verschwenderisch in der Musik. Figaros Hochzeit, in einer neuen Übersetzung von Kalbeck (wie auch der Don Giovanni), die auf Mahlers Weisung Worte der Komödie, so die ganze Gerichtsszene, rezitativisch hinzukomponiert, in den Text der Oper mitaufnimmt. Herrliche Gartenbilder aus der Zeit; sicherste Vollendung des Stils im Orchester und auf der Bühne, in dreißig Proben erfaßt und festgehalten. Die Zauberflöte, mit den alten Dekorationen, Mahlers auch inzwischen kaum je „abgegebene" Lieblingsoper. Mitten während des Zyklus der Lohengrin. In der Spielzeit von 1906 auf

1907, der letzten unter Mahler, die seit sechzehn Jahren nicht gespielte Widerspenstige von Goetz, mit Weidemann und Frau Gutheil, ohne die philiströse Familienbehaglichkeit der letzten Szene, die dann später, nach Mahler, „restituiert" werden muß; die Stumme von Portici unter Walter, mit Grete Wiesenthal als Fenella; Othello unter Zemlinsky, der spät genug an die Oper verpflichtet wird, aber nicht lange bleibt; und, vielleicht der hellste Schein des Abschieds, die Iphigenie in Aulis von Gluck, „völlig wie antike Basreliefen" vorüberziehend, von aller inszenierten Wirklichkeit gelöst und gegen einen Vorhang gespielt, der sich nur am Schluß teilt und den Hafen der Abreise freigibt: musikalisch vielleicht das Größte, was Mahler gegeben hat und in unserer Erinnerung unvergänglich. So war Gluck, so bleibt Mozart. Aber ach, was bleibt uns nicht so wie er es gezeigt hat? Bleibt Schatten jetzt und Idol, nie mehr erreicht, niemals wieder erreichbar!

In dieser Abschieds- und Übergangszeit wurde noch die „Butterfly" herausgebracht, von dem jungen und so eigentümlich-österreichisch begabten Julius Bittner die „Rote Gred" wenigstens angenommen. Ein Zyklus „Deutsche Meister" von Gluck zu Wagner blieb Traum.

Wie kam es denn aber zum Abschied? Nun, es gab ja das zweite Wien; neben dem sorglich gewonnenen, festgehaltenen, zu höchster Begeisterung und Treue hingerissenen das unterirdische, das mit dem „goldenen Herzen", dem Gmüat und der Hetz. Und dieses beginnt eine Revolte des Alltags und der Niedertracht. Unzufriedene Persönchen im Theater und draußen gekränkte Eitelkeiten, verschmähte oder „nicht mehr mitkönnende" Gefolgsleute, „gute Gesellschaft", Schilda: alles das greift jahrzehntelang gehegte Traditionen der bösen Instinkte und einer traurigen Lokalgeschichte auf. Denn dieses Wien hat seine Besten immer in die Verbitterung, wenn nicht zu Schlimmerem gejagt. Und solchen Gesinnungen gegenüber denkt Mahler nur noch an seine erträumte Aufgabe, an seine Feste, geht in seinem Werk für die Bühne auf und kennt keine Jours, keine Feuilletons,

kennt außerhalb der Oper nur noch seine Symphonien und Lieder. Er ist, ein Theaterdirektor, der Welt abhanden gekommen. Später noch hat man dem Toten von Amerika her nachgesagt: „perhaps, if he had gone to afternoon teas, he ... would be alive to-day..."
Genug, seit dem Beginn des Jahres 1907 ist es ein täglicher Angriff der „Gegner", mit den elendesten Waffen geführt. Mahler sieht, daß für seine Feste nichts mehr zu retten ist, Ekel faßt ihn, plötzlich schleudert er, als eine kleine Sänger- und Urlaubs-„Affäre" die immer perfideren Intrigen verschärft, eine Adresse des geistigen Wien, seinen Protest gegen eine gewisse „Kritik" nicht achtend, im Sommer die Bürde von sich. Zehn Jahre sind um. Er dirigiert einzelne Werke noch im Spätherbst, nimmt langen, aber leisen Abschied — nie stand noch in der ganzen Ära Mahler der Name des Dirigenten auf dem Zettel — und ist eines Dezembertags, von einigen Hundert der Seinen geleitet, die es dennoch erfahren haben und ihn noch im Bahnhof empfangen, ist geschieden, geflohen, nach Amerika abgereist, verschwunden. Sein letztes Schreiben an die Mitglieder der Oper stehe hier, ein Dokument:

„An die geehrten Mitglieder der Hofoper! Die Stunde ist gekommen, die unserer gemeinsamen Tätigkeit eine Grenze setzt. Ich scheide von der Werkstatt, die mir lieb geworden, und sage Ihnen hiermit Lebewohl.

Statt eines Ganzen, Abgeschlossenen, wie ich geträumt, hinterlasse ich Stückwerk, Unvollendetes, wie es dem Menschen bestimmt ist.

Es ist nicht meine Sache, ein Urteil darüber abzugeben, was mein Wirken denjenigen geworden ist, denen es gewidmet war. Doch darf ich in diesem Augenblick von mir sagen: ich habe es redlich gemeint, mein Ziel hoch gesteckt. Nicht immer konnten meine Bemühungen von Erfolg gekrönt sein. Dem Widerstand der Materie, der Tücke des Objektes ist niemand so überantwortet, wie der ausübende Künstler. Aber immer habe ich mein Ganzes daran gesetzt, meine Person der Sache, meine Neigungen der Pflicht untergeordnet. Ich habe mich nicht geschont und durfte daher auch von den anderen die Anspannung aller Kräfte fordern.

Im Gedränge des Kampfes, in der Hitze des Augenblicks blieben Ihnen und mir nicht Wunden, nicht Irrungen erspart. Aber war ein Werk gelungen, eine Aufgabe gelöst, so vergaßen wir alle Not und Mühe, fühlten uns alle reichlich belohnt — auch ohne äußere Zeichen des Erfolges. Wir alle sind weiter gekommen und mit uns das Institut, dem unsere Bestrebungen galten.

Haben Sie nun herzlichen Dank, die mich in meiner schwierigen, oft nicht dankbaren Aufgabe gefördert, die mitgeholfen, mitgestritten haben. Nehmen Sie meine aufrichtigen Wünsche für Ihren ferneren Lebensweg und für das Gedeihen des Hofoperntheaters, dessen Schicksale ich auch weiterhin mit regster Anteilnahme begleiten werde.

Gustav Mahler"

Größe und Verfall: Die Direktionszeit Weingartners

Mit den größten Hoffnungen auch von Mahlers Freunden begrüßt, schon weil sie diesem endlich Ruhe wünschten, war Felix von Weingartner zum Direktor der Hofoper ernannt worden. Er hätte Zeit gehabt. Aber er beginnt, mit dem neuen Jahre 1908, sogleich „anders" zu sein und alles anders zu machen. Die — seither längst wieder behobene — Zerstörung des Fidelio ist seine erste Tat. Die „Oper aller Opern" wird, angeblich nach Beethovens Absichten, „restituiert", das heißt veropert, verlangweiligt, all des Außerordentlichen der Gestaltung und Inszenierung Mahlers beraubt. Am Anfang die Zweite Leonoren-Ouvertüre, eine Studie zu der großen Dritten; diese, wie die Ouvertüre in E, gestrichen, aus dem guten Zusammenhang bei Mahler gerissen, die szenische Fassung aufgelöst, das letzte schöne Bild in einen gleichgültigen Gefängnishof verlegt, Partien zwecklos umbesetzt, das Ganze wie als Demonstration und Entdeckung präsentiert und jedesfalls demgemäß von dem Klüngel der Feinde Mahlers, einer Organisation aller schlechten Wiener Instinkte, mit der Zufriedenheit nicht mehr gestörten Behagens aufgenommen. Minder programmatisch geschieht die Befreiung des Don Giovanni von der Dekoration Rollers, die, ohne jeden Ersatz, auf einmal, wie gelegentlich verschwindet. Skandal bei einer (nach der Versicherung des Direktors) „sinngemäß" gestrichene Walküre. Spielopern. Ballett. Erfolge: das Wintermärchen von Goldmark und die Rote Gred des vielverheißenden Dichters und Komponisten Julius Bittner. Sie gehören, zudem von anderen Dirigenten geleitet, noch in die Zeit Gustav Mahlers; nur das Tiefland hat Weingartner angenommen. Siegfried wird, im Herbst 1909, schon wieder „ungestrichen", neu inszeniert, noch von Roller, aber schon ist ein neuer Oberregisseur da, Wilhelm von Wymetal, Fachmann, fleißig, elegant, um getreueste Wirklichkeit besorgt, um „Leben auf der Bühne" bemüht, und solcherart die gesamte Bühnenleitung allmählich übernehmend. Roller geht dann bald, anfangs noch durch den Maler Goltz ersetzt. Als neuer Dirigent ist Hugo Reichenberger verpflichtet, die Damen Francillo und Marcel treten auf, Miller und der ausgezeichnete Charakteristiker Hofbauer werden gewonnen, aber der Tod nimmt Hesch, Moser, Demuth. Neue Werke im Jahre 1909: der Vagabund von Leroux, die zögernd und anscheinend wider Willen gegebene Elektra, Versiegelt von Blech, das Ballett Schwanensee von Tschaikowsky; neu aufgenommen die Serva Padrona von Pergolesi und die Wüste Insel von Haydn. Erinnerung an den Barbier von Bagdad, vielleicht die reinste und beste Tat des Direktors und Dirigenten Weingartner. Das folgende Kalenderjahr bringt Tosca, den Götz von Berlichingen, ein Alterswerk von Goldmark, von Mahler seinerzeit zurückgehalten, und den Musikanten von Bittner, abermals Bruno Walter, diesem treuen Zeugen der Mahlerzeit anvertraut. Eine unglückselige Erneuerung der Meistersinger, szenisch sehr echt und kostümgerecht, überlebendig und in Bild und Ton ohne

Ausdruck; Eva (und Tosca): Fräulein Marcel. Eine italienische Stagione mit vier Opern; die Elektra, von Richard Strauß dirigiert und seither wie im Trance aufgenommen. Spielzeit von 1910 auf 11, die letzte dieses Direktors: Susannens Geheimnis von Wolf Ferrari, dazu der Schneemann, die Pantomime des elfjährigen Erich Wolfgang Korngold, von Zemlinsky instrumentiert, erste öffentliche Ankündigung einer außerordentlichen Begabung. Dann, während Pfitzners Armer Heinrich abgesetzt oder vielmehr nicht weiter angesetzt wird, der Zigeunerbaron, den Neigungen des Direktors zur Spieloper entsprechend. Und da sich zuletzt das Ende dieser Direktion ergibt, ganz und gar nicht von irgendeiner Einsicht in ihr künstlerisches Mißverständnis herbeigeführt, sondern so zufällig wie nur irgend etwas in dieser Hoftheatersphäre, zum Abschied noch der Benvenuto Cellini von Berlioz, ein spätes, vereinsamtes und dennoch ein Ereignis. Weingartner kehrt von einer Kunstreise zurück, führt die Oper auf, läßt sich zujubeln und scheidet, zu Beginn des Jahres 1911, von der Wiener Oper. Das Abgleiten dieses Lebens und dieser Begabung bleibt ein Problem. Aber das Theater Gustav Mahlers ist seines außerordentlichen Wesens beraubt, ist nicht erneuert und vielfach zerstört, ist ohne Führung, arm an Werken und Persönlichkeiten dem Tag, dem Betrieb überantwortet. Tag und Betrieb sind das Ziel der nächsten, bösen Jahre, der Aera Gregor.

Bevor wir aber von ihr sprechen, noch ein Wort von Weingartners späteren Erfahrungen mit Wien, Wiens Erfahrungen mit Weingartner. 1929 erschien in der Schweiz (er wirkt seit einiger Zeit in Basel), der zweite Band seiner breit ausladenden Lebenserinnerungen. Er erzählt darin auch die Geschichte seiner Wiener Direktion aus seinem völlig wirklichkeitsfernen Wesen heraus und weiß auch, der geborene Österreicher, mit Österreich, seinen guten und minder guten Besonderheiten so wenig anzufangen wie sonst nur besserwissende Reichsdeutsche aus dem Norden. (Die völlig belanglosen, bald darauf (1931) verlegten Erinnerungen Hans

Gregors bieten da ein geradezu tragikomisches Beispiel; irgendwelche Aufklärungen über Gregors doch so lange Wiener Wirksamkeit bleiben sie schuldig.) Von Anfang an fühlt sich Weingartner, wenn man seinem Buch nachgeht, verfolgt, war und bleibt aber überzeugt, daß er berufen war, das „Stückwerk" der Mahler-Zeit erst wieder zu einem Ganzen zusammenzufügen. Über das groteske Mißverhältnis zwischen solchem Wollen und den Ergebnissen von immerhin fast drei Jahren ist mit einem Mann nicht zu rechten, der unserer jungen Generation schon Mythos ist. Seine Behauptung, daß er von Mahler nur ein übles Erbe übernommen, selbst aber nach Möglichkeit alles Krumme gerade gemacht habe, kann die längst allgemeine Überzeugung vom Gegenteil nicht erschüttern. Guter Glaube und guter Wille ist ihm zuzugestehen; auch daß er es, nach einem Mahler, nicht leicht gehabt hat.
Trotzdem hat es ihn immer wieder nach diesem Österreich, in dieses ihm angeblich so aufsässige Wien zurückgezogen. Er leitet lange Jahre die Philharmonischen Konzerte, deren Programme damit völlig erstarren — denn Weingartners Einsicht in neuere Musik endet vor Bruckner. Er wird auch, nach dem Krieg, Direktor der zweiten Wiener Oper, die nun noch und wiederum da ist, der Volksoper, ja sogar Gastdirigent der Staatsoper. Es wäre töricht, die äußere Vollkommenheit mancher von ihm geleiteter Vorstellungen zu leugnen; aber auch diese Vollkommenheit stand jenseits der Welt, in der wir Jüngeren und Anderen zu Hause sind. Niemand verfolgt, wenn er jetzt nach Wien kommt, den Mann, der schon als Schatten seiner vor-wienerischen Vergangenheit auf Achtung Anspruch hat. Daß Gastdirigenten an einer Wiener Oper nur ausnahmsweise wirken können und wirken sollen, hat er wohl selber längst eingesehen — er ist es nicht mehr.
Von der Volksoper behauptet er in seinen Erinnerungen, sie sei mit seinem Scheiden von diesem Theater ihrem Untergang zugeschlittert. Aber schon er hat sie nicht halten können. Die Volksoper war aus dem 1898 erbauten Sprech-

theater in der Währinger Vorstadt hervorgegangen und hatte seit 1904, unter Rainer Simons, zunächst leichtere, volkstümliche Opern gespielt. Zemlinsky, bis dahin Operettenkapellmeister, begründete recht eigentlich das Opernrepertoire und brachte einem neuen Publikum jenseits der Schranken einer überalterten „Inneren Stadt" Mozart, ja sogar den früheren Wagner. Der Spielplan belebt sich, Wien lernt durch die Volksoper vieles kennen, wozu sich die Hofoper nicht entschließen mag oder darf — so den „Blaubart" von Dukas 1908, „Kleider machen Leute" von Zemlinsky, den „Kuhreigen" von Kienzl (1911), mit dem diese Hofoper, aus Angst vor dem Revolutionsmilieu, eine Erfolgserie aus der Hand gibt, „Liebelei" Oper nach Schnitzler von dem tschechischen Musiker Franz Neumann, im selben Jahr 1913 die „Königskinder" von Humperdinck. Fast gleichzeitig mit der Hofoper wird zu Beginn des Jahres 1914 der nunmehr „freie" Parsifal gespielt. Viel früher als die Hofoper gibt die Volksoper (1907) „Tosca" und „Salome", die in der Hof- und alsbald Staatsoper erst nach einem verlorenen Krieg ihre Künste zeigen darf. Auch als Zemlinsky zuletzt an die Hofoper und dann nach Prag geht, bleibt die Volksoper dank Rainer Simons ein fleißiges, interessantes, oft glückliches Experimentiertheater, das auch viele Begabungen entdeckt, so Josef Schwarz, Schipper, die Jeritza, Hofbauer, Manowarda. Sie hat schon im Krieg mit Geldschwierigkeiten zu kämpfen. Zuletzt vertreiben sie Rainer Simons (der dann später nochmals, mit Ernst Kunwald, im Schönbrunner Schloßtheater kurze Zeit hindurch Oper spielt); Raoul Mader wird sein Nachfolger. Zwei Jahre später, 1919, tritt Weingartner an die Spitze. Er ist aber viel abwesend, so monatelang in Südamerika. Da schreibt er etwa in sein Tagebuch: „Heute eröffnet die noch nicht zugrunde gegangene Volksoper die neue Saison. Meine herzlichsten Gedanken und Wünsche fliegen zu meinen Künstlern und Beamten." Mit den Wünschen war ihnen nicht gedient. Während solcher Abwesenheit setzte der Mitdirektor Gruder-Guntram die erste Wiener Aufführung des „Boris Godunow" durch; noch viel später erst kam das wahrlich epochale Werk an die Staatsoper. Gewiß hätte auch der anwesende Weingartner der Volksoper nicht helfen können — es fehlten ihr, damals wenigstens und noch lange Zeit danach, die Grundlagen jedes Theaterspiels. Da man das nicht einsehen wollte, entstand eine „Arbeitsgemeinschaft" unter Leo Kraus. Auch er dankte bald ab und die Volksoper, für die manche Verwaltungsräte der Aktiengesellschaft Geld genug zusetzten, wurde immer mehr eine Dreinrede-Gemeinschaft aller gegen alle. Sie verfiel zusehends, aber langsam. Endlich mußte sie schließen. Bemühungen, sie zu einem Theater der Stadt Wien umzugestalten, waren gescheitert. Das Personal bezog günstigenfalls Arbeitslosen-Unterstützung. Erst Ende 1931 konnte das für Wien einst vielbedeutende Theater mit seinen jederzeit reichen Möglichkeiten unter Leo Kraus wieder eröffnet werden, hatte aber anfangs mit besonders argen Fährlichkeiten zu kämpfen. Zu der oft vorgeschlagenen Betriebsgemeinschaft mit der Staatsoper, von allen diesen Gemeinschaften die vernünftigste, ist es nicht gekommen. Konkurrenz-Theater der Staatsoper (in dem Sinn des altwienerischen Wettbewerbs zwischen Stadt und Vorstadt), war die Volksoper längst nicht mehr. Zwar hatte die Mahler feindliche Kritik zu seiner Zeit die Volksoper immer wieder der Hofoper Mahlers, gerade ihr, als Muster vorgehalten. Wenn heute die Volksoper einen Piccaver, eine Vera Schwarz, eine Olszewska auftreten läßt, so ist das weniger Wettbewerb als geschicktes Ausschöpfen einer Situation: die Staatsoper konnte diesen Künstlern nicht die gewohnten Bezüge und wohl auch kein Feld bieten, eine Volksoper versuchte in krisenhafter Zeit beides... Selbstverständlich würde ein richtiger Wettbewerb, abermals ein Experimentieren mit neuen Werken, neuen Begabungen, einem neuen Darstellungs-Stil der Musikstadt Wien nur nützen und darum willkommen sein. Aber wir sind den Geschehnissen um zwei Jahrzehnte vorausgeeilt. Kehren wir zu Hans Gregor zurück.

Der Unternehmer Hans Gregor

Die Direktoren Jahn, Mahler, Weingartner sind Dirigenten gewesen; so ist es an der Zeit, daß ein Hofoperntheater nun wieder einmal von einem „Fachmann des Theatergeschäftes" geleitet werde. Nullae societatis in aeternum coitio; aber der Vertrag mit Gregor wird halb und halb für die Ewigkeit abgeschlossen und kann erst nach Jahren, schwer genug, gelöst werden. Hans Gregor, der Leiter der Berliner Komischen Oper und von dorther berühmt als Regisseur — alle fernen Regisseure werden berühmt — Gregor beginnt nach der genialischen Übung der letzten Monate und Jahre nun wieder sachlich, nüchtern, preußisch-streng, diszipliniert. In die ersten Anfänge seines Abwartens fällt die schöne Aufführung des Rosenkavaliers mit der Gutheil als Rofrano, mit der Kurz als Sophie und mit Mayr als Ochs von Lerchenau. Hofmannsthal hat eine schlechte, Strauß keine gute Presse; aber die Oper wird Zugstück, ein Lieblingsstück der Wiener. Wir sind im April 1911. Um diese Zeit kommt Mahler todkrank aus Amerika über Paris nach Wien. Das Gewissen dieser Stadt erwacht. Er stirbt und wird, auch ohne die offiziellen Persönlichkeiten, als ein Großer begraben. Schalk und Gregor wollen an diesem Begräbnistag, da Wien den Atem anhält, die Hofoper feiern lassen, aber der Hof ignoriert den Vorschlag. Kein Zeichen der Ehre, des Gedenkens, der Sühne ist damals für Gustav Mahler gegeben und aufgerichtet worden: außer in der Erinnerung und in den Herzen.

Zwei Tage nach der Bestattung der Pelleas von Debussy, von Walter geleitet, mit der Gutheil als Melisande, in dem Rahmen der Maler Lefler und Urban; von Gregors Inszenierungen die reinste. Er gibt der Wiener Oper, darum noch heute jedes Dankes gewiß, die Inszenierungen Mahlers im Figario, im Fidelio, in der Iphigenie zurück; später auch im Don Giovanni. Wohl ist es nicht mehr dasselbe, denn Mahlers Kunsterfahrung, sein Nach- und Neuschaffen, das Genie seiner Persönlichkeit ist verloren; aber wenigstens sind die Linien gerettet und der Opernbesucher von heute hat einen Abglanz der Feste, einen Halt für seine Phantasie und an guten Abenden noch mehr. Die Neuheiten der ersten Zeit: Bergsee von Bittner, Aphrodite von Oberleithner mit der Jeritza, die Verschenkte Frau von d'Albert mit der Gutheil, Banadietrich von Siegfried Wagner mit dem Teufel Hofbauers. Aber schon kommen, rasch und deutlich, auch die Mängel und Schäden Gregors hervor. Er verwendet seine Regiebegabung an den Gaukler von Massenet und, ein Jahr später, im Herbst 1912, nach vierzig Proben, an eine neu inszenierte Boheme. Hier wird bereits nach dem Takt der Musik gemalt: Karikatur der Opernregie. Und Gregor wendet sie an nichts anderes. Der Oberregisseur von Wymetal bleibt in seinem Sinn ungemein tätig; doch er verfeinert sich zusehends. Dabei hat er nicht einmal Raum für seine Arbeit: fünf Proben erhält die Pariser Fassung des Tannhäuser. Über neue Werke entscheidet der Text und Gregors Textregie (Obert Chabert von Waltershausen). Textregie, nicht Musikregie und jedesfalls Regie als Selbstzweck ist die Losung des immer noch „berühmten Regisseurs". Vollkommene Unterordnung des Dirigenten unter diese Regie oder doch „Disziplin" wird gefordert und durchgesetzt; die Musik bleibt sozusagen, und es wird so gesagt, in der Oper ein notwendiges Übel. Bei solcher Eigenwilligkeit und Widermusikalität des Direktors scheidet Bruno Walter, der gegebene Direktor, und nimmt über München seinen steilen Weg aufwärts; Schalk verliert jede Lust, der neue, sehr begabte Kapellmeister Fitelberg, ein Pole, gerät an ihm wesensfremde Aufgaben wie den Heiling, der Italiener Guarnieri, der Dirigent jener Boheme, ein ernstester Künstler, brennt zuletzt durch. Regie, Inszenierung und Spiel sinken immer mehr in Routine, entfernen sich vom Wesen der Werke und von ihrem Ausdruck, Aufgaben sind unbequem, Anstrengungen überflüssig; denn, bei blühendsten Star-Erfolgen, geht das Geschäft wie noch nie. Und man gibt in einem Jahre 40mal den Gaukler, 8mal Mozart, 1mal Weber und 120 Ballette. Reprisen des Heimchens, des Falstaff, später des Werther, ganz zuletzt, vor dem Krieg, des Corregidors sind das Äußerste an Mühe, das man noch wagt. Die Ariadne von Strauß wird in der ersten Fassung, mit der gesprochenen Komödie, in dem großen Haus als unmöglich erachtet. Franz Schreker ist mit seinen Premieren nach Frankfurt verwiesen (späterhin schließt sich ihm Bittner in die Verbannung an) und statt des Fernen Klangs gibt die Oper ein vertracktes Bild seines zweiten Werkes Das Spielwerk und die Prinzessin (1913). Ein Jahr darauf, im Frühjahr 1914, wird Notre Dame von Franz Schmidt aufgeführt, der jahrelang Orchestercellist der Oper gewesen war und nun mit seiner großen unverbildeten Musikbegabung über seinen Text hinauswächst; selten noch hat das Orchester so reich geklungen. Die letzte Spielzeit vor dem Krieg hat eigentlich nur zwei Begebenheiten: das Mädchen aus dem goldenen Westen von Puccini, nach einem Halbhundert Proben, seit dem Oktober 1913 in dem einen Theaterjahr 29mal gegeben, und den Parsifal, der nach der Schutzfrist im Januar 1914 aufgeführt werden darf, allerdings nach einer erheblich geringeren Anzahl von Proben, mit den Bayreuthern Bahr-Mildenburg und Mayr. Da ist die letzte Hauptprobe zugleich erste Probe mit vollständiger Dekoration und die Verwandlung zum Gralstempel wird dabei zum erstenmal geprobt und — versagt in dieser Probe! Dennoch, die Bilder Rollers sind von hoher Schönheit, die Führung der Musik ist Schalk anvertraut und bei ihm am besten aufgehoben; auch der neue Kapellmeister Reichwein bekommt zu tun. Unter den Vielen, die kommen, gehen und bleiben, fallen Einige auf und gelten als guter, wertvoller Besitz, so Duhan und die sieghafte Erscheinung der Marie Jeritza. Caruso ist in diesen Jahren wiederholt Gast der Oper, um seiner Gesangskunst willen fanatisch bewundert, aber nicht minder groß als Schauspieler. Baklanoff, der wunderbare russische Bariton, ein Schauspielschüler Stanislawskis, dient der Wiener Oper sogar als Mitglied, ein ernster, vorzüglicher Künstler von höchsten Gaben, ein herrlicher Musiker, dabei von dämonischer Kraft des Gestaltens und Erlebens. Seine Landsleute vom Russischen Ballett bringen das reinste Entzücken an Farbe und Linie und Klang, bringen auch die Musik von Strawinsky zu dem Tanzpoem „Petruschka". Eine unbekannte, fremde, weite, ach so weite Welt tut sich auf, Orient und Okzident scheinen dem Genießenden, dem Lernenden schon bei uns, geschweige denn späterhin in Paris, nicht mehr zu trennen. Da geschieht der Krieg.

In seinem ersten Schrecken bleibt die Oper bis zum 14. Oktober 1914 geschlossen. Seither spielt sie viermal die Woche zu halben Preisen bis zum Februar 1915; von da an öfter und minder ermäßigt; erst seit dem neuen Jahre 1916 wieder täglich und so teuer wie vor dem Krieg, bald übrigens noch teurer.

Man verzichtet auf die lebenden „feindlichen Ausländer" und selbst Puccini bleibt verbannt; nicht aber auf Thomas und Massenet, und zum besonderen Glück auch nicht auf Verdi. Das Ensemble verliert die Mildenburg, die in Salzburg Krankenschwester wird, Josef Schwarz und Hofbauer, gewinnt den Bassisten Zec, den Kapellmeister Tittel, die kapriziöse, leider sehr früh abberufene Sängerin Heßl, den Tenor Környey, Frau Dahmen, besonders aber die reizende Lotte Lehmann, einen neuen Liebling der schwärmenden Opernbesucher; Slezak, lange an Amerika verloren, kommt zurück und es wird weiter geopert, weiterhin Geld gewonnen und dafür den Verlierern und den Gewinnern des Krieges gehuldigt. Die Ergebnisse sind im Verhältnis zu der Zeit, zu der Gelegenheit des nicht mehr täglichen Spiels, zu den Mitteln gering: Kain und Abel von Weingartner (1914), dann, jetzt endlich, der Arme Heinrich von Pfitzner (Frühjahr 1915), aber ohne den Komponisten von einer unvermindert selbstherrlichen Regie einstudiert und nach zwei Aufführungen preisgegeben; die Mona Lisa von Schillings (Herbst 1915); im Frühjahr 1916 die beiden so erstaunlichen Opern von Korngold, Violanta, mit dem großen Spiel, dem Gesang der jugendlich blühenden Jeritza, und der Ring des Polykrates; eine Aufführung der Alceste von Gluck in einer Bearbeitung Franz Schalks und, im Herbst des gleichen

Jahres 1916, die neue Ariadne in der besonderen, nun fast überall nachgespielten Bearbeitung für das Wiener Operntheater. Die Wiener Oper dankt dem Komponisten durch eine Aufführung von zartestem Klang, durch das liebliche Können der Lotte Lehmann, die den Komponisten gibt und durch manches andere. Immer tiefer prägt sich Richard Straußens Meisterschaft dem Publikum ein, man sieht ihn in der Wiener Oper heimisch, wünscht ihn irgendwie zu besitzen, er erscheint als Gast, leitet im Sommer 1918 eine Strauß-Woche mit der Elektra, dem Rosenkavalier und der Ariadne, im Herbst kommt sogar die Salome hinzu, nachdem, einen Monat vor dem Ende ihrer Geltung, die Hofzensurbedenken beschwichtigt sind: ein Virtuosenstück des Orchesters unter Schalk, eine Leistung der Jeritza, ein Erlebnis, wenn Frau Gutheil alternierend die Salome spielt und singt, wie sie ja auch die Elektra zuletzt doch erkämpft hat (während Klytämnestra schon nicht mehr der Mildenburg gehört). Und sonst: eine erste Huldigung wenigstens der Oper an Mahler, des Meisters Achte Symphonie mit Chören, zweimal im Hause, einst in seinem Hause, gespielt, die Florentinische Tragödie von Zemlinsky, zu wenig erkannt, und die bürgerlichen Neuheiten von Brandts-Buys (Schneider von Schönau) und Zajicek-Blankenau (Ferdinand und Luise); Manon neu inszeniert, mit der Lotte Lehmann, Versuche mit den diesmal nicht sehr Lustigen Weibern und mit einer abermals umgearbeiteten Euryanthe. Politische Erwägungen veranlassen, „Auf Allerhöchsten Befehl", wie der Theaterzettel meldet, das Ereignis der „Jenufa" (1918); aber schon wirft der Untergang des großen Reiches allzutiefe Schatten voraus...

Irgend etwas Beiläufiges, irgendein Nebeneinander von klugem und von nur noch gefälligem Getriebe, reiche Mittel, gute Geschäfte und gar kein Halt: das ist die Zeit eines Gregor. Ihr beredtester Ausdruck ist der Scheinglanz im Krieg. Als man wieder an Frieden denkt, zu spät für die, die daran zu denken hatten, faßt der letzte kaiserliche Intendant, Leopold Andrian, den Entschluß einer Künstlerdirektion für die Hofoper: Richard Strauß soll mit Franz Schalk zusammen das Theater leiten.

Nicht mehr Hofoper

Umsturz, Zertrümmerung des alten Österreich, ein Bund von Widerstrebenden rings um Wien, der zunächst alle Kräfte daran wenden muß, auch nur das nackte Leben zu fristen. Dennoch greift eine Art revolutionärer Energie auch nach den Hoftheatern, die Republik sichert ihnen weiteres Bestehen zu und empfiehlt sie der Sorge einer arg überlasteten, doch von ihren besten Köpfen verwalteten Staatskanzlei. In die Burg schreitet Heine mit Bahr und Robert Michel bewußt in die neue Zeit. Der Beweglichkeit und der ungebrochenen Frische des Direktors Schalk — er ist es seit dem 15. Oktober 1918, Strauß wird später kommen, Gregor ist endlich (tantae molis erat) gegangen — dieser zähen Beharrlichkeit der Selbsterhaltung bleibt nichts übrig, als mühselig aus den Schlagern eines verwelkten Repertoires wieder Aufführungen zu veranstalten, wie sie ein der Kunst, dem Erlebnis geweihtes Theater sonst, in besseren Jahren versucht und geboten hat. Es ist eine harte Zeit. Nichts zu essen, Krieg unter den Kriegverschonten, Feindseligkeit früherer und der neuen Staatsbürger gegen Wien, Grippe, Mangel an Kohle, neue und erneuerte Unmöglichkeit weiter zu spielen, Zentren politischer Erregung in Bayern und Ungarn, Kerker-Grenzen dicht um die Hauptstadt des zerstobenen Reichs, Plänewühlerei eines jeden Geistes und Geistchens: alledem zum Trotz hält Schalk als Direktor aus, bewahrt das beste Gut der alten Oper und ruft, ein Symbol gleichsam, wiederum Roller herbei, an dessen Stelle schon die Verniedlicher gerückt waren...
Neuheiten des ersten, vielleicht schlimmsten Jahres sind „Salome" und „Palestrina", ein Werk, an dem Schalk alle seine Tugenden durch ein Jahrzehnt gegen das Publikum bewährt hat. Das Theater gewinnt auch, wenn schon nur

für kurze Zeit, die Mildenburg wieder, aber Frau Elizza verläßt das Ensemble und der Tod nimmt ihm den unvergeßlichen Weidemann, nimmt Haydter und die junge Lucy Heßl. Statt des verblichenen Regisseurs Stoll — Regie: Herr Stoll bedeutet, daß Gustav Mahler Regie führte — wirkt nunmehr Hans Breuer, der Bayreuther Mime, ein Schüler der Mildenburg. Allein hat Schalk noch die Aufführungen eines Festmonats zu leiten, in dem (halber Mai bis zum halben Juni 1919), die fünfzig Jahre des „neuen" Hauses gefeiert werden: mit einem Zyklus, der bei Glucks „Alceste" beginnt und bis zu Mahlers Achter Symphonie führt, von Lebenden der jüngeren Generation allerdings nur Bittner, Schmidt und Korngold aufnimmt.
Strauß kam erst im August 1919 an sein Amt. Eine nicht geringe Schar von Aufgescheuchten hatte die übliche „wienerische Hetz" gegen ihn versucht, erfolglos, und auch verschiedene Phantasien einer privaten Intendanz von eines Finanz-„Konsortiums" Gnaden waren in ihr Nichts zerfallen. Seither waren denn Strauß und Schalk gemeinsam Direktoren, der weltbekannte Meister, der sich an der Vollkommenheit der Mittel in diesem versunkenen Wien erquickte, und der bewährte Diener eines noch immer herrlichen Instituts, innerlich schon längst sein Herr...
Anfangs ging alles gut. Man gewann Künstler wie Oestvig, Manowarda, Elisabeth Schumann, Maria Rajdl, den Tenor Ziegler, die Mihacsek, den Bassisten Norbert, Claire Born, Fischer-Niemann, Hermann Weil, den Ballettmeister Kjakscht von der Russischen Truppe, dazu den Kapellmeister Alwin. Die „Frau ohne Schatten" wurde in Wien uraufgeführt (Oktober 1919), damals aber noch gar nicht verstanden. Schreker kam mit den „Gezeichneten" zu Gehör; aber er hatte nie die rechten Freunde in diesem Haus. Ein Weingartner-Abend brachte die „Dorfschule" und „Meister Andrea". Das große Musikfest der Gemeinde Wien (1920), das erste dieser Art, aus der Fülle dieser Stadt und zum erstenmal auch ihrer Gegenwart schöpfend, bescherte der Oper die Gurre-Lieder von Schönberg. Und dann durfte Puccini wieder ge-

spielt werden, das Publikum schwelgte bei der lange von kriegswegen vermißten „Boheme" und bei „Tosca". Das Wiederfinden war ein Familienfest. Puccini hat zeitlebens von seiner Wiener Oper geschwärmt, wie sie von ihm, von der südlichen Stadt nördlich der Alpen, Stätte alter romanischer Opernherrlichkeit.

Während Staat und Wirtschaft an den Rand eines Abgrunds treiben, gibt es in diesem Wien frohe Genießerjahre für Ausländer und andere Kriegs- und Inflationsgewinner. Das zeigt sich auch an der Oper, die erst Staatsoper, später, als der „Staat" in einen „Bund" übergeht, einfach „Operntheater" heißt. Ein merkwürdiges Publikum ohne Bildung, Geschmack und Manieren macht sich in den Logen und im Parkett breit, man muß ihm allerhand zuliebe tun, aber der Kassier ist zufrieden. Ein Theater genügt gar nicht und die großzügige Ära des „Staatstheaterpräsidenten" Adolf Vetter (eines der besten Köpfe altösterreichischer Beamtenschaft) sinnt wiederum der Übernahme des Theaters an der Wien nach — also einer Vereinigung wie einst. Auch die Volksoper soll mitgenommen werden; dann wird ein kleineres Haus gesucht, aber es kommt schließlich nur zur Eröffnung des Redoutensaals, der ein Wunder leider bloß für das Auge ist. Dort wird von 1922 angefangen mehrmals in der Woche gespielt, Figaro, Barbier, Don Pasquale mit der Ivogün, Ballette, zum erstenmal von Kröller inszeniert; es folgt ein Versuch mit der Spieloper „Johann von Paris". Doch die Währung verfällt und so gibt es bald „erhöhte" Preise, die schließlich die „gewöhnlichen" werden, dann „besondere" und zuletzt gar „große". In den Jahren des Scheinglücks nimmt das Publikum alles hin — nachher zeigt es sich, daß diese Preise, wie sie auch heißen, zu hoch sind — aber man will das erst sehr spät einsehen. Allerhand Reprisen, so der Holländer mit neuer Inszenierung (Roller) und Hänsel und Gretel, beide unter Richard Strauß, Kienzls Kuhreigen, der Schatzgräber von Schreker und Mona Lisa erscheinen im Repertoire, eine Sängerin wie Wanda Achsel, der Sänger-Spieler Bohnen, der Kapellmeister Clemens Krauß sind der Oper verpflichtet worden. Ein Richard Strauß-Abend bringt zur „Feuersnot" die bis dahin erst in dem Vorkriegs-Paris aufgeführte „Josefslegende" — schon gibt es Leute, die zu viel Strauß im Spielplan entdecken und so viel ist richtig: das „große Publikum" hat seine Liebe fast allein dem einst von der Kritik abgelehnten „Rosenkavalier" zugewendet. Noch eine Spielzeit mit der „Manon Lescaut" von Puccini, die trotz vielem und allem einer Reprise der „Manon" von Massenet wieder weichen muß. Von Schmidt wird „Fredegundis" aufgeführt, von Schreker der „Zwerg", von Bittner wenige Tage vor Schluß dieser Spielzeit 1923/24 das neue „Rosengärtlein". Es hat eine Opernredoute mit allem nicht mehr höfischen Glanz, es hat Théâtre parées gegeben, fragwürdigste Konzession an das Protzenelement, man hat den sechzigsten Geburtstag des Meisters Richard Strauß mit den schönsten Reden und Festen gefeiert, hat ihn durch eine Schenkung von staatlichem Grund in Wien ansässig gemacht.

Aber alsbald zeigen sich die Folgen der Doppeldirektion. Strauß gastiert viel selbst im fernsten Ausland. Die Sänger, ja sogar das Orchester unternehmen große Reisen — verständlich, da sie wertbeständiges Geld verdienen wollen, nur leider unheilvoll für die Oper. Der große und souveräne Künstler Strauß hat seinem Vertrag gemäß überhaupt nur wenige Monate in Wien zu sein, aber er möchte auch in der übrigen Zeit die Oberleitung nicht aus der Hand geben und den trefflichen Regisseur Josef Turnau, der neben Runge und Breuer getreten ist (während Wymetal 1922 nach Newyork ging), als seinen Stellvertreter anerkannt wissen. Gegen Turnau wendet sich Schalk, der wenigstens in der Abwesenheit des glanzvollen, aber ein wenig meteorgleichen Oberleiters allein Herr sein will. Strauß reist zu Beginn des Novembers 1924, also wenige Monate nach dem Geburtstags-Überschwang, zu der Aufführung seines neuen „Intermezzo" nach Dresden. Dort erfährt er, daß der Vertrag mit dem Mitdirektor Schalk entgegen seinen Wünschen verlängert worden ist, demissioniert und diese Demission wird von den Abgesandten des Ministeriums angenommen. Nun wohnt der Meister fortan in Wien — eine Versöhnung mit der Oper läßt sich erst zwei Jahre später anbahnen, als Franz Schneiderhan „Generaldirektor" der Staatstheater wird. Erbitterter Streit tobt in den Zeitungen und im Publikum — solches Aufbrausen der Leidenschaft läßt sich leicht mißdeuten, beweist aber, daß die Öffentlichkeit dieser Stadt zwar gern im Zeichen der Sensation, schließlich aber doch an seiner Oper hängt und ihre Geschicke mitempfindet.

Nun ist also, fast vom Beginn der Spielzeit 1924/25 an, Schalk allein Direktor der Oper. Er wahrt ihre stolze Würde, dient ihr bis zur Selbstaufopferung, führt sie auch ganz im alten Geist und vergißt nur zuletzt, daß ein neuer sein Recht heischt. Es ereignet sich viel Schönes. Die Aufführung des Balletts „Don Juan" von Gluck, zusammen mit dem von Hofmannsthal umgedeuteten, von Strauß bearbeiteten Festspiel „Die Ruinen von Athen", gehört noch zu den Taten der gemeinsamen Ära. Schalks Werk ist die Uraufführung der nachgelassenen Sätze einer Zehnten Symphonie von Mahler, die Totenfeier für Puccini, die Berufung Egon Pollaks, der einen prächtigen „Falstaff" dirigiert, aber nicht endgültig gewonnen wird. Battistini gastiert, das Opern-Publikum jubelt ihm wie in einem italienischen Theater zu. Im „Orpheus" wird die Olszewska bewundert; dafür spielt die noch edler singende Altistin Anday in einem Versuch mit Mascagnis „Freund Fritz" auch Geige. Ein neues Werk von Wert- und Zeitbedeutung ist zu hören, der „Don Gil" von Walter Braunfels. Und da Pollak nicht zu erreichen war, wird Robert Heger gewonnen, was für die Oper einen richtigen und dauernden Gewinn ergibt. Aber auch Weingartner erscheint alsbald, vermutlich nicht von Schalk beantragt, als Dirigenten-Gast. Gegen Schalks Willen spielt die Oper endlich, auf Wunsch des neuen Staatstheaterpräsidenten Prüger und nach seinen klugen Spar-Weisungen, den „Boris Godunow" mit Mutzenbecher als Gastregisseur und in der vereinfachten Inszenierung eines Emil Pirchan — Schalk mag die Oper nicht und schon gar nicht die neuen Hilfs-

kräfte, die einen „Berliner Geist" (wie er meint) minderer Solidarität mit sich bringen. Im „André Chénier", gleichfalls einer recht späten Entdeckung der Wiener Oper, waltet zum ersten Mal Lothar Wallerstein seines Amtes — Turnau ist Opernintendant in Breslau geworden und geht dann nach Frankfurt, Nachfolger von Clemens Krauß, der als Direktor nach Wien kommen wird. Eine richtige Neuheit: „Sganarell" von Wilhelm Grosz. Reprise der „Jenufa" und am Schluß der Spielzeit 1925/26 noch rasch des „Freischütz" und sogar der „Euryanthe"; ebenso vergeblich wie der Versuch mit dem „Corregidor".
Weit besser gelingt die folgende (1926/27) mit einer stattlichen „Turandot", nur ein halbes Jahr nach der Mailänder Uraufführung dieses nachgelassenen Werkes; mit der „Macht des Schicksals" in der neuen Übersetzung und Fassung von Franz Werfel, womit die Verdi-Renaissance ihren Einzug auch in der Wiener Oper hält — von der Händel-Renaissance, der anderen und früheren großen Bewegung des zeitgenössischen Opernspiels hatte sie, wie von so manchen treibenden Kräften der Zeit nichts wissen wollen. Doch wurde „Cardillac" von Hindemith gegeben, allerdings in jener von vornherein hoffnungslosen Laune, die dem Skeptizismus des Direktors, seiner oft mephistophelischen Freude an der Pointe einer Negation entsprach — und so kam es zu drei Aufführungen; der Komponist war nach der Generalprobe abgereist. Ein Versuch, Richard Strauß durch sein „Intermezzo" zu versöhnen, führte zu einer ausgezeichneten Wiedergabe dieses so heiklen Werkes. Strauß blieb unversöhnt, ließ sich aber von dem Generaldirektor (seit 1926), später Generalintendanten Schneiderhan, dem Nachfolger Prügers, allmählich als Dauer-Gastdirigent wiedergewinnen. Da beschränkt er sich nun freilich immer mehr auf die eigenen Werke und dirigiert nur seltener einmal etwa Mozart, den Fidelio, den Tristan — das sind dann Abende von einem geheimen und doch vielen merkbaren Reiz, große Abende der Oper, wenn sich der schöpferische Geist, der er ist, an anderem Schöpferwerk entzündet. Aber auch Schalk bringt einen gewalti-

gen Fidelio heraus: in einer neuen Inszenierung (Roller-Wallerstein) und Neueinstudierung zur Beethoven-Zentenarfeier im März 1927, mit der Lehmann als Leonore; die internationalen Festgäste geraten ordentlich außer Rand. Die Feier führt sonst noch zu einer Wiederaufnahme der „Ruinen" und zu einer Aufführung des „Egmont" in der Oper. In dieser Spielzeit wird auch (im Redoutensaal) „Dido und Aeneaes" von Purcell gegeben, zusammen mit der „Serva padrona" („Historischer Abend"). Wilhelm Kienzl wird siebzig — Reprise des „Evangelimann". 1927/28 hört man das „Wunder der Heliane" von E. W. Korngold, den „Oedipus rex" von Strawinsky — auch hier beugt sich Schalk, wie bei Hindemith, einem Großen der sonst wenig geliebten „neuen Musik". Der „Jonny" aber muß ihm mit Rücksicht auf die Kasse geradezu anbefohlen werden. „Jonny spielt auf" wird zu Sylvester 1927 angesetzt und zeitigt lebhafte Diskussionen über seine „Opern-Würdigkeit" — aber das Publikum kümmert sich nicht um vereinzelte Proteste, nicht um die sarkastischen Bemerkungen des Direktors, sondern füllt bei dieser Oper immer wieder das Haus, läßt sie allerdings schon in der nächsten Spielzeit im Stich. Außerdem sucht Schalk „Norma" und die „Widerspenstige" zu beleben. Zu Gunsten des Mahler-Denkmals dirigiert er, einer Weisung des Unterrichtsministeriums gern gehorchend, ein Konzert; Karpath hat das Programm, Klagendes Lied und Zweite Symphonie vorgeschlagen.

Gastspiele der Kölner Oper (die endlich einen Händel mitbringt) und der Pariser Opéra Comique, die eine richtige französische Carmen bieten kann, tragen gar sehr dazu bei, ein wenig Farbe in die Wiener Eintönigkeit (wenn auch glanzvolle Eintönigkeit), zu mischen. Willkommen ist auch das Russische Ballett Djagilews, zum letzten Mal in Wien, und ein Konzert Fritz Kreislers. Übrigens erstattet die Wiener Oper ihren Gegenbesuch in Paris und gewinnt dort viel neue, wenn auch nicht kritiklose Bewunderer. Sie hat schon früher Österreich vor dem Völkerbund in Genf sehr eindrucksvoll repräsentiert.

Noch eine Spielzeit (1928/29) ist dem Direktor Schalk gegönnt, nicht die glücklichste: sie bringt zwei französische Werke, den längst nicht mehr neuen und recht akademischen „Maruf" von Rabaud, dafür aber das entzückende „Zauberwort" („L'enfant et les sortilèges") von Ravel, der selber wieder einmal in sein liebes Wien kommt — eine solche Verbindung Wien-Paris bringt großen Gewinn und läßt unsere Stadt einen Hauch der Zeit und der großen Welt wieder einmal spüren, macht sie abermals zu einer Weltstadt der Musik, die sie war und immer sein soll; aber die Gefahr der Abschließung und damit Provinzialisierung ist groß... Abgesehen von mehreren Reprisen — „Häuslicher Krieg" und „Zwillingsbrüder" zur Schubert-Feier, „Goldenes Kreuz" — abgesehen auch von der neu bearbeiteten „Nacht in Venedig" (Korngold) beginnt eine neue Inszenierung des Rings, der auf eine Formung von fast zwanzig Jahren zurückblickt — Jahren, in denen sich für das Opernspiel vieles entschieden hat. Im Oktober 1928 erscheint, solcherart umgestaltet, das „Rheingold"; erst drei Jahre später kann die Arbeit mit der „Götterdämmerung" abgeschlossen werden. Der gleiche Maler wie damals ist am Werk, Alfred Roller, doch steht er nun im Zeichen Wallersteins, der von der Szene hier unmittelbarste Ausdeutung der Musik fordert. Die starke Persönlichkeit dieses Regisseurs setzt sich durch und führt, ganz allgemein, insbesondere die Künstler auf der Bühne zu sinnvollen Aufführungen von oft bewundernswerter Geschlossenheit. Der begeisternde Dirigent dieses „Rheingold" ist — Wilhelm Furtwängler. Er soll der Oper gewonnen werden. Das Regime Schalk ist gekennzeichnet durch ein großes, edles Streben, es hat ein unverrückbares Ziel: die gewaltige Tradition der Wiener Oper nicht zu verlieren, eine Höhe, die nun nachträglich der Mahler-Zeit ziemlich allgemein zugebilligt wird — auch von denen, die, als es darauf ankam, gar sehr anderer und oft genug nörglerischer Meinung waren. Aber was Schalk vorschwebte, war eben ein altes Ideal — auch und gerade ein Mahler hätte sich in einer so völlig anderen Zeit wohl von einem neuen leiten lassen.

Schalk wußte, daß er zäh eine versinkende Epoche festhielt — obendrein kämpfte er mit Instanzen, die seine Ansichten nicht immer teilten, nachgerade auch mit dem Finanzministerium, das wenigstens von seiner Seite her ein Hoftheater der Republik, wie die Oper damals oft genannt wurde, nicht mehr tragbar fand. Schalk aber und ebenso Richard Strauß, der ja nur noch Gast der Oper, aber doch auch Ratgeber der Vorgesetzten war, vertraten überzeugt die Auffassung von dem eher musealen, allen „Experimenten" fernzuhaltenden Charakter einer Wiener Staatsoper und von der Notwendigkeit, für eine solche Oper, eine der größten Kostbarkeiten des Landes, alle möglichen Mittel bereitzustellen — eine Ausgabe, die sich mindestens ideell gut verzinsen würde: es sollte auch nichts ausmachen, wenn Sängergagen und Sitzpreise ansehnlich bemessen wären. Alles das trug eben noch einen Schalk, einen Richard Strauß, der bald nach Schalk auch als Dirigenten-Gast schied, als sämtliche Bezüge in der Zeit der Wirtschaftskrise nun doch herabgesetzt werden mußten.
Aber es war auch, nicht nur in Wien, gerade hier vielleicht am wenigsten, dieser Zeit das Opernspiel überhaupt ein Problem geworden. Die Musiker aller Nationen bekannten sich immer entschiedener zur Oper, in dem uralten Auf und Ab senkte sich wieder einmal die Schale der Musik und die der Dichtung, des Dramas, zu leicht befunden, stieg; eine neue Musizier-Oper verlangte wenigstens das Recht, gehört zu werden. Wer sie aber hören, wer von der zeitgenössischen Oper ein Bild bekommen wollte, hatte seinen Auslandspaß in der Tasche zu tragen. Im Ensemble fehlte zwar der Nachwuchs nicht — es zählte dauernd oder doch vorübergehend eine Nemeth, Vera Schwarz, Wildbrunn, Lotte Schöne, Born, Kiurina, Olszewska, Kern, Gerhart, Helletsgruber, Michalsky, Szantho, einen Jerger, Schubert, Grosavescu, Kalenberg, Pataky und andere zu den Seinen, hatte noch immer die unschätzbaren Kräfte des Alltags, einen Maikl, Gallos, Madin — aber nicht alle diese Künstler wurden richtig behandelt; manche, wie gerade Lotte Schöne und Maria Rajdl, sind erst

so recht aufgeblüht, als sie von der Wiener Oper schieden. Die reizende Tänzerin Tilly Losch ging, weil das Ballett kaum überhaupt eine Aufgabe bekam. Es war, um weiterhin aufzuzählen und zu rühmen, ein Wunder der Gewissenhaftigkeit da wie der leider seither verstorbene Ferdinand Foll, „Leiter der Studien"; ein Wunder an Technik und Geschmack wie der Chef des Beleuchtungswesens Beck — auch er nicht mehr unter den Lebenden. Strauß war Gastdirigent, Furtwängler sollte es werden, Heger war da, ganz abgesehen von Schalk selber, der immer inbrünstiger die großen Werke der deutschen Oper auf dem Altar der Musik wie feierliche Opfer darbrachte; endlich die Kapellmeister Alwin und Reichenberger. Aber man spürte doch, daß eine Erneuerung, Verjüngung, Vervollständigung, Zusammenfassung kommen müsse. Schalks Vertrag lief ab, schon seinen Jahren nach hätte er auf Schonung Anspruch gehabt. Die Generalintendanz dachte an einen andern Direktor, der sich noch nicht so viele Jahrzehnte lang in seinem Beruf verzehrt hatte, wollte aber Schalk als Dirigenten besonderer Vorstellungen, also gleichfalls als Dauer-Gast erhalten. Man verhandelte, wie es heißt, auch mit Bruno Walter, verhandelte mit Furtwängler — und der Vertrag, der Furtwängler zum Direktor einsetzte, war schon unterschrieben, als er widerrief, um sich Berlin erhalten zu können. Wenige Tage später war, zu Beginn des Jahres 1929, Clemens Krauß (nach seiner kurzen Wiener Kapellmeister-Wirksamkeit Intendant der Städtischen Oper in Frankfurt), zum Direktor ernannt. Die letzte Spielzeit unter Schalk ging zu Ende.

Gegenwart

Clemens Krauß, Österreicher in seinem Innersten und Besten, 37 Jahre alt, als er im September 1929 begann, also genau so alt wie der Direktor Mahler, wurde nicht einmütig mit Hoffnung begrüßt. Es gab Fernwisser, die von seiner Äusserlichkeit, Oberflächlichkeit, Unstetheit Kunde bekommen hatten, von jener Wanderkrankheit, die auch Strauß und Weingartner in Wien befallen hatte. Aber der neue Direktor führte sich glänzend ein und widerlegte durch sein Tun und Lassen alle zum voraus erhobenen Anwürfe. In den ersten drei Monaten gab es drei Neuinszenierungen, die als „Gesamtkunstwerk" kaum zu überbieten waren: Rosenkavalier, Meistersinger, Cosi fan tutte. Das beginnende Jahr 1930 brachte die Uraufführung einer von Werfel besorgten Fassung des „Simone Boccanegra" und damit weiteren Erfolg, setzte die Ring-Arbeit mit der „Walküre" fort und führte zu dem gefürchteten „Wozzeck" von Alban Berg: da war nun ein, vielleicht das Meisterwerk der „neuen" Oper, das sich Schalk nicht aufzuführen getraut hatte,.. Auch der „Wozzeck" erzwang in einer unübertrefflichen Aufführung Respekt und sogar die Teilnahme einer breiteren Hörerschaft als angenommen worden war. Fügt man hinzu, daß ein für Wien neues Ballett von De Falla („El amor brujo") gegeben, daß für den Redoutensaal eine Attraktion mit der „Angelina" von Rossini gefunden wurde, so ist das Bild eines glücklichen Anfangs nachgezeichnet. Aber der neue Direktor hatte sich noch ein stolzes Ziel gesteckt: er wollte das Studio, die kleine Experimentierbühne begründen, die eine Notwendigkeit geworden war — oder vielmehr geworden wäre: denn alles war vorbereitet, der erste Abend schon anberaumt, als der Plan an den Forderungen des Orchesters scheiterte. Seither ist er leider nicht wieder aufgenommen worden.

Es gab in den folgenden zwei Jahren Zeiten, in denen man ein Nachlassen des ersten Elans zu spüren glaubte und es ist selbstverständlich nicht alles gleicherweise geglückt. Aber was waren das auch für Jahre! Lang genug sträubte sich die Wiener Oper, an die Krise zu glauben, billigte neuen Sängern besonders günstige Verträge zu und wollte von einer Herabsetzung der Preise, ja auch nur von einem Verzicht auf die immer wieder verlangten „besonderen" nichts wissen! Im Herbst 1931 ging es schließlich nicht weiter. Immer wieder wurden außerhalb des Hauses die Drohungen laut, daß

Clemens Krauß

der Nationalrat die Staatssubvention entziehen oder doch stark kürzen würde. Sie waren (hoffentlich) nicht ernst gemeint, aber eine Wirtschaft aus dem Vollen war doch weiterhin nicht möglich. Unter dem ausbrechenden Sparzwang wurden Bezüge, Ausstattungen, Kosten jeder Art wesentlich herabgemindert. Dem Opernspiel im Sinn des Luxustheaters, wie es eben noch von einem Paul Bekker theoretisch gerechtfertigt worden war, sind nachgerade die Grundlagen entzogen. Wenn eine Oper Vollkommenstes gibt, wie die Mailänder Scala bei ihren Gastspielen unter Toscanini zu Pfingsten 1929 (Falstaff, Lucia — das Jahr darauf kam Toscanini mit dem Philharmonischen Orchester von New York wieder und auch da war die Vollkommenheit unfaßbar), so ist der Kenner, der Freund solcher Vollkommenheit überglücklich. Der Einsichtige und besonders der Kritiker aber wird nur die Vollkommenheit verlangen können, die heute noch bezahlt werden kann. Vollkommenheit allein — es wird immer nur die Vollkommenheit einzelner Glücksfälle auf Kosten alles übrigen sein — kann jedesfalls heute nicht mehr als Sinn und Ziel erstrebt werden: es gilt, nicht zu versteinern und damit ... abzubröckeln.
Clemens Krauß sah es im Gegenteil als seine besondere Aufgabe an, starr Übernommenes aus der früheren Ära aufzulockern, den ganzen Organismus wieder geschmeidig zu machen, das Musikantische zur Geltung zu bringen und bewußt nicht so sehr zu opfern und zu feiern, als ein Werk auszukosten und auskosten zu lassen. Manches wurde von seinem Piedestal genommen und niedriger aufgestellt — es läßt sich nicht leugnen, daß dabei abgestaubt wurde, und daß wir mancherlei unpathetische Schönheit nun erst recht zu schauen bekamen. Es geschahen auch Fehlgriffe in Auffassungen und Besetzungen; doch in der Hauptsache blieb die leichte, junge Hand glücklich. Die neuen Sänger waren gut gewählt: Völker, Rode, Hammes, Zimmermann, Haus, die Damen Rünger, Pauly, Hadrabova, Ursuleac. Vielleicht verlegte man sich zu sehr darauf, die Erwerbungen in den Vordergrund zu rücken, vielleicht wurden manche von den

neuen Künstlern auch in anderer Hinsicht überschätzt, aber sie haben sich alle in ihrer Art zuletzt doch bewährt und manche Aufführung erst ermöglicht; dabei soll nicht vergessen werden, daß eine so machtvolle Begabung wie Manowarda jetzt erst zu voller Reife kam. So erschien denn in der zweiten Spielzeit, neben dem „Schwanda", ein unvergleichlicher „Idomeneo" — Uraufführung der Bearbeitung von Richard Strauß und Wallerstein, von Strauß dirigiert. Ferner die „Bacchantinnen" von Wellesz — dieser durchaus eigene und zielbewußte, überall längst anerkannte Künstler hatte in seiner Vaterstadt Wien lang genug warten müssen, sah sich nun aber durch eine besonders gelungene Aufführung belohnt. Unter den Reprisen, die viel Arbeit geben, vor allem eine das vielverkannte Werk wohl erst überhaupt erschließende der „Frau ohne Schatten", ein sehr anmutiger „Figaro" und, auf dem Weg zur Vollendung des Zyklus, ein prächtiger „Siegfried". Die dritte Spielzeit (1931/32) begann ohne Gastdirigenten: Strauß war ausgeschieden, Furtwängler hielt sich fern, Schalk aber war schon in den ersten Tagen (3. September 1931), gestorben, im Tod erst recht als das erkannt, was er war — eine historische Gestalt der Wiener Musik, der er durch Jahrzehnte in Oper und Konzert leidenschaftlich gedient hatte. Aber kein neuer Dirigent und bis zum Ende des Kalenderjahres 1931 auch keine neue Inszenierung wurde bewilligt. Zweimal wurden alle Bezüge mit äußerer Gewalt herabgedrückt — die eben noch selbstherrlichen Sänger waren nun mit einemmal hilflos, ja fast rechtlos geworden — aber es ging ihnen in der alten und in der neuen Welt kaum irgendwo besser. Schließlich verlor die Oper Piccaver und, freilich nur vorübergehend, Frau Nemeth, eine Sängerin von großem Format; man mußte es geschehen lassen, daß die wiedereröffnete Volksoper mit Staatsopern-Sängern, die es eben noch waren, Trutz-Aufführungen vor ein Sensationspublikum brachte. Wenn aber diese Staatsoper eine „Pique Dame" mit dem nun allgemein anerkannten Völker, wenn sie die herrliche Uraufführung des neuen „Don Carlos" (Werfel gemeinsam mit Wallerstein) gab und damit einen ihrer schönsten Abende überhaupt, so prächtig, wie ein Opernabend auch in historischen Zeiten nur je sein konnte, — so war sie wieder gerechtfertigt und entschädigte für allerhand weniger zweckvolle Unternehmungen, von denen sich, knapp vor Schluß der Spielzeit, die Reprise der „Toten Stadt" unter Egon Pollak scharf abzeichnete. (Ist er nun diesmal verpflichtet?) Die Operette hatte schon in der früheren Spielzeit mit dem „Opernball", nunmehr mit „Boccaccio" (Jeritza) nicht viel Freude bereitet. Warum Operette? Die deutschen Operntheater suchten ganz allgemein in der „klassischen" Operette ihr Heil, ja sogar im „Weißen Rößel": es brachte Geld. Aber mit äußeren Mitteln, Rationalisierung, Abbau, Unterdrückung (Berliner Kroll-Oper), Zusammenlegung von Opernbühnen geht es doch nicht weiter. Es gibt nur eins: Verbreiterung der Opernbasis, also Volksoper zu erschwinglichen Preisen — teure Festaufführungen sind als Ausnahme noch denkbar — und dazu das Studio, in dem Experimente mit neuen Werken, mit der Wiedergabe, mit dem Nachwuchs durchgeführt werden dürfen und müssen. Gute, geprobte, sachlich besetzte Aufführungen! Interessante Dirigenten, Regisseure, Bühnenbildner! Arbeit, nochmals Arbeit und für den Bereich einer Opernbühne, wie es die Wiener ist, nicht nur ein zweites Haus, sondern wenn möglich eine Wandertruppe, die Vorstadt, Provinzstädte, ja das Land besucht und zufrieden stellt. Sage nur niemand, daß der Rundfunk durch seine Übertragungen das alles leistet und der Oper auch seine mächtige Geldunterstützung ohnehin zuwendet. Er vermag nicht alles. Auch das Auge will sein Recht und man muß manchmal auch Theaterpublikum sein, so wie das Theater sein sichtbares und manchmal ein völlig anderes Publikum braucht. Was aber das immer neue Gerede von der Schließung der Oper, Verweigerung selbst der notwendigsten Gelder anlangt, so könnte nur ein selbstmörderisches Österreich an dergleichen denken. Es kann und darf nicht sein! Wie die Wiener Oper mit ihrem Ensemble, ihrem Chor, ihrem Orchester allein in Salzburg für dieses Österreich, für Wien geworben hat, ist nicht jeden, aber so manchen Fehlbetrag wert. Wirtschaft — gewiß! Aber geistige Güter noch vor eingebildeten Alltagsbedürfnissen, auch im Staat!

Die Oper wird heute wie je von Künstlern und Künstler-Helfern geleitet, die ihrem Haus, ihrem Werk mit Leidenschaft und mit einem von aller Welt anerkannten Wissen, Geschick und Können dienen. Leidenschaftlich nimmt auch das Publikum an den Geschicken seiner Oper teil. Wenn es bei einem Jubiläum seinen Rosé und in ihm den Führer des Orchesters, bei Konzerten den Opernchor feiern kann, wenn (um nur Beispiele aus den letzten Jahren anzuführen), ein Schmedes, ein Foll, der Meisterhornist Stiegler stirbt, wenn der Tod noch eine der Allgemeinheit minder bekannte, jedem Freund des Hauses aber vertraute, schier unentbehrliche Kraft wie die Direktionssekretärin Lina Ranninger vor der Zeit nimmt, ist in Freud und Leid eine große Gemeinschaft da wie kaum in einer andern so großen Stadt. Die Zeitungen bringen häufiger als anderswo Erinnerungen aus der Geschichte des Wiener Opernspiels, Denkwürdiges über seine Künstler, Schilderungen des Hauses, seiner vielen Ämter und Werkstätten und sichern damit unermüdlich tätigen, braven Beamten und Arbeitern auch dort, wo er nicht ausgesprochen wird, Respekt und Dank — jeder verständige Freund der Wiener Oper wird erst recht zum Freund dieser Namenlosen und weiß die kluge, reizende Art noch des Geringsten unter ihnen zu schätzen, gar wenn man sie mit Ähnlichem außerhalb der Wiener Sphäre vergleicht. Hier herrscht wahrhaftig noch ein guter Geist. Wir wollen darum, jeder Einzelne, sein Hüter sein, im Wünschen nicht zu karg — denn wir wissen jetzt, welche Vergangenheit uns dazu ein Recht gibt — aber auch mit offenen Augen dieser Gegenwart und ihren Nöten zugewendet: bestrebt zu erkennen, was die Zeit verlangt, aber nichts zu verlangen, was nicht geboten werden kann. Die Wiener Oper ist bestes Österreich. Schon darum sollte sie nicht so sehr mit den berühmten „idealen Forderungen" wie vielmehr mit Einsicht und Liebe bedacht und bewacht werden.

Inhaltsverzeichnis

Programmatisch 7
Vorläufer 9
Versunkener Glanz der ersten Oper . 12
Wirklichkeit einer Klassiker-Epoche 17
Opern-Vormärz 29
Weltstadt, Hauptstadt, Großstadt . 33
Das neue Haus 40
Die Aera Dingelstedt 42
Die Jahre Herbecks 45
Franz Jauner 50
Sechzehn Jahre Wilhelm Jahn . . . 55
Magie des Künstlers: Gustav Mahler 64
Größe und Verfall:
    Die Direktionszeit Weingartners 75
    Der Unternehmer Hans Gregor 81
Nicht mehr Hofoper 86
Gegenwart 95

www.ingramcontent.com/pod-product-compliance
Lightning Source LLC
Chambersburg PA
CBHW021715230426
43668CB00008B/838